Crecer con valentía

CRISTINA GUTIÉRREZ LESTÓN

Crecer con valentía

Un libro para que tus hijos
conquisten sus miedos
y desarrollen su potencial

Grijalbo

Papel certificado por el Forest Stewardship Council®

MIXTO
Papel procedente de
fuentes responsables
FSC® C117695

Primera edición: enero de 2020

© 2020, Cristina Gutiérrez Lestón
© 2020, Penguin Random House Grupo Editorial, S. A. U.
Travessera de Gràcia, 47-49. 08021 Barcelona

Printed in Spain – Impreso en España

ISBN: 978-84-253-5833-3
Depósito legal: B-22.479-2019

Compuesto en Pleca Digital, S. L. U.

Impreso en Reinbook
Sant Boi de Llobregat (Barcelona)

GR 5 8 3 3 3

Penguin
Random House
Grupo Editorial

A mis padres

Hay dos tipos de padres: los que quieren tener los mejores hijos **del** mundo y los que quieren tener los mejores hijos **para** el mundo. Los primeros necesitarán ansiolíticos. Los segundos, valentía.

Índice

INTRODUCCIÓN   13

1. ¿Qué es educar? Piensa en grande.   21
2. La importancia de la valentía a lo largo de la historia
    de la humanidad.   29
3. ¿Qué es la valentía?   39
4. El valor de ser   49
5. ¿Cómo entender el miedo?   51
6. La importancia de la autoestima   59
7. La firmeza de los padres.   66
8. La credibilidad y la coherencia de los padres   76
9. Los valores de la familia   81
10. Querer y poner límites   85
11. El síndrome de la familia perfecta   94
12. Sobreproteger es desproteger   101
13. La generación Yo-Yo, Ya-Ya   108
14. La ilusión   115
15. El trabajo en equipo y los conflictos   121
16. La tiranía de la asignatura   128
17. El objetivo del sistema educativo.   130
18. Educación emocional en la escuela   135

19. La convivencia en casa 142

20. La pasión 149

21. Educar en la derrota 154

22. Espero de ti... 159

23. Las fórmulas para educar ¿funcionan? 161

24. Padres desesperados 166

25. Carta a mis hijos 173

26. La queja 176

27. Todos somos talento y somos defecto 182

28. Equivocarse 185

29. ¿Qué necesitan los niños de sus padres? 189

30. La comunicación con los hijos 192

31. Algo sobre el cerebro y el aprendizaje 203

32. Quiérete 206

33. Los padres «dron» 209

34. Los hijos retadores 213

35. La mitificación de la maternidad 219

36. El grupo de WhatsApp de las mamás de clase 222

37. Cuando ser valiente no es una opción 228

38. Insta y *Fortnite* 232

39. ¿Educar desde el banquillo? 238

CARTA DE UNA MADRE 243

NOTAS 245

GRACIAS... 247

Introducción

Han pasado más de cuatro años desde que se publicó mi primera obra, *Entrénalo para la vida*, y, desde entonces, continúo escribiendo y publicando libros y cuentos, casi una decena. Y aunque mi trabajo como educadora emocional diría que es muy intenso, debido a todos los proyectos en los que participo: la colaboración en el proyecto de educación emocional de Masía 360 del Barça, el trabajo que hacemos en el Hospital Sant Joan de Déu con los niños con neurofibromatosis y, especialmente, mi labor como directora de La Granja, que me ocupa la mayor parte del día.

Pero tengo que decir que, aun así, necesito escribir, plasmar —y, en parte, liberarme— de todo lo que veo cada día en mi trabajo, más concretamente, en La Granja Ability Training Center, dos granjas escuela situadas en Barcelona y Madrid (Santa Maria de Palautordera y Fuentidueña de Tajo) por donde cada año pasan más de 18.000 niños y jóvenes para realizar las tradicionales convivencias y excursiones escolares, o los campamentos de verano, y donde utilizamos un innovador método educativo basado en la práctica de la educación emocional y en el entrenamiento de las competencias emocionales con resultados demostrados científicamente, lo cual nos permite observar un montón de aspectos de la sociedad infantil.

Son tantas las cosas que pasan, y tantas las cosas que veo, que siento la necesidad imperiosa de explicarlo, de compartirlo, porque creo que no sería justo ni bueno no hacerlo, pues pienso que hay algo peor que tener un problema, y es tenerlo y no saberlo. Nunca como en estos últimos años **me he encontrado con tantos y tantos niños con tantas carencias emocionales**. Estoy hablando de miedos, miedos a casi todo, de desconfianza, de dependencia por falta de autonomía, de inseguridades y de un aumento peligrosísimo de la baja autoestima. Estoy hablando de chavales enfadados constantemente porque no soportan frustrarse y de niños de 8 años con ansiedad y estrés hasta el punto de que hemos tenido que crear una nueva actividad en La Granja, el Laberinto de la Ansiedad, para que como mínimo estos pequeños entiendan qué caray les está pasando. Hablo de miradas tristes, de espaldas encorvadas y de jóvenes inactivos, como si nada tuviera sentido, como si no existiera ninguna razón para levantarse. Supongo que por este motivo escribo, porque son tantas las cosas que podrían hacerse de manera diferente para cambiar lo que no funciona con los niños de hoy en día, y algunas tan fáciles de conseguir, que me exaspera que cueste tanto, que se avance tan lentamente.

Pero hay que afrontar las cosas, coger el toro por los cuernos, como dicen mis padres, a quienes dedico este libro, y empezar a actuar. Y para eso hace falta **valentía** y, tal como está todo, yo diría que mucha valentía.

Puedo afirmaros con absoluta seguridad que **estamos educando en el miedo**, cuando tendríamos que hacer todo lo contrario, es decir, educarlos en la valentía. Confieso que veo cada día cómo disminuye la valentía, al menos en los niños con los que trabajo, y también en los maestros (unos 1.700), así como en los padres y madres (unos 950) que pasan cada año por nuestras instalaciones.

Y éste es el motivo por el que quiero escribir sobre la valentía, porque aumentan los miedos vertiginosamente **y, junto con ellos, la cobardía de los chavales**. Y, amigos míos, con la misma rapidez con la que se intensifican los temores, mengua la valentía en una proporción de equivalencia milimétrica.

¿Sabéis?, **es importante, es muy importante porque la necesitamos**: los niños y los jóvenes necesitan su valentía desesperadamente para poder ser quienes están destinados a ser. Confieso que nunca me he encontrado con tantos niños sumisos y temerosos, pero admito también que tampoco ha habido tantos padres inseguros y atemorizados como actualmente.

Parece que hoy en día lo natural sea tener miedo, cuando es justamente lo contrario: **el coraje ha sido siempre uno de los grandes rasgos de la humanidad para sobrevivir como especie**, y debería estar por encima de nuestros miedos para que podamos, como mínimo, seguir avanzando. Y por supuesto, para hablar de la valentía de los niños, también tendré que hablar en este libro de la valentía de los padres y madres, incluso de la de los maestros y profesores, porque van irremediablemente unidas.

Aún recuerdo mi desesperación durante los años 2002-2004 cuando me di cuenta de que todo lo que siempre me había funcionado educando dejó de hacerlo (¡y eso que llevaba ya más de veinte años trabajando con críos!). Ya no conseguía que los niños y niñas me escucharan, no lograba modular sus actitudes ni comportamientos como antes. Recuerdo mi desilusión, y cómo el miedo a no poder, a no ser capaz, me invadió por completo. Durante esos años la queja era constante en mí y me impedía hacer algo diferente, aunque, claro, yo no lo sabía, no tenía ni idea de lo que me pasaba y, añadiría, de lo que sentía. La verdad es que no comprendía que detrás de mis quejas estaba la emoción del miedo, y que ese temor no sólo me paralizaba, sino que además era invasivo; cada día se hacía un poquito más grande, lo que no facilitaba que la creatividad y la búsqueda de alternativas se pusieran en marcha y fluyeran dentro de mí. Y por mucho que me quejara de cómo venían los niños, todo seguía igual, nada mejoraba (¡y eso que estuve dos años enteritos quejándome a diario!). Hasta que un día cualquiera, sin más, se produjo un clic: **«Si los niños son diferentes, tal vez nosotros tendríamos también que hacer algo distinto, ¿no?»**, dije delante de un grupo de monitores mientras nos estábamos quejando, como era habitual en el equipo. Supongo que fueron las estrellas, que ese día se confabularon a nuestro favor, hartas de ver cómo no dábamos pie con bola. ☺

En todo caso, ése fue, literalmente, el detonante que me motivó a lanzarme a buscar alternativas, otras maneras de hacer, nuevas herramientas para conseguir la atención que había perdido de mis niños y niñas. En aquella época, como podréis imaginar, la solución no era demasiado fácil ya que la educación emocional, y más aún la vivencial, era muy muy desconocida, así que me tocó probar y hacer cosas diferentes prácticamente cada día, a lo largo de muchos años, y a estar cuestionada también a diario (y durante años) por la mayoría del equipo con el que trabajaba. **El miedo es siempre inversamente proporcional a la valentía**; y, **cuanto más miedo sientes, más valiente deberás ser** y más arrojo necesitarás para afrontarlo y vencerlo. Y a mí, por entonces, me tocó luchar para que mi valentía fuera siempre un poquito más grande que mis miedos, y éstos, amigos míos, llevaban años de ventaja. Así que no me resultó sencillo, lo reconozco, pero también me doy cuenta, quince años después, de que es un proceso necesario para liberarte de las **cadenas de creencias limitadoras con las que te**

amarra el sistema educativo que te ha criado y la sociedad de cualquier época en la que vives.

Este proceso de «desenganche», de desaprender para volver a aprender, pero esta vez por ti misma y en coherencia con tus valores, comporta, inevitablemente, entrenar tu fortaleza, tu autoconfianza y tu seguridad. Y aunque pueda resultar duro en ciertos momentos, pues precisa de mucha **determinación y fuerza**, la verdad es que, una vez lo consigues, una y otra ya están a tu lado para siempre, porque la fuerza te sigue acompañando para levantarte cuando te caes, así como la confianza de saber hacia dónde quieres ir y la seguridad de que en el próximo intento te acercarás más a tu objetivo. Y es entonces cuando, como un velero, puedes navegar por fin desplegando todas tus velas, y dejarte llevar por el viento y las olas sin miedo porque coges con firmeza el timón y eres capaz de señalar el puerto al que te propones arribar, ya que es allí donde probablemente habitan tus sueños, ésos por los que estás dispuesta a luchar con pasión.

Nosotros necesitamos esa fuerza, esa determinación, pero sobre todo la precisan nuestros hijos e hijas, y nuestros alumnos, y como padres y educadores debemos **estar en disposición de ayudarlos a entrenarlas y practicarlas de manera intencionada**. Os aseguro que es posible porque lo hago, lo hacemos cada día y con resultados demostrados (incluso científicamente). **Y si nosotros podemos, ¡vosotros también!**

Después de todos estos años veo por fin cómo el lugar donde trabajo ha cambiado. La queja y el miedo han desaparecido completamente, dejando paso a un **espacio donde ser valiente tiene lógica** porque te ayuda **a aprender a brillar, y eso para mí es llenar de sentido la palabra «educar»**.

Este libro no será un tratado sobre la valentía, habrá poca teoría y mucha vivencia, historias de niños y anécdotas que me han hecho reflexionar y aprender de ellos, de *mis* niños y niñas de La Granja. Acostumbro a decir *mis* niños porque así los siento, porque los encuentro fascinantes y los admiro profundamente, porque «molan mogollón» y porque me han enseñado prácticamente todo lo que sé, y en especial... **a ser valiente**.

Soy consciente de la suerte que tengo de trabajar con ellos en un entorno natural, y de hacerlo, además, **en la trinchera de la educación**, es decir, donde todo te salpica, donde aprendes rápido pues cada día vives una aventura habitualmente intensa, aquello de que «o te espabilas o te espabilan». Y os aseguro que todo ello facilita que crezcas continuamente, quieras o no. Así pues, mejor querer, ¿no? ☺ Y me encanta, me gusta muchísimo estar rodeada de la esencia de la humanidad, que en definitiva es lo que son los niños y niñas, y dejarme sorprender por cada uno de ellos (es flipante, ¡son capaces de conseguirlo cada día!). Y a cambio, compañeros de lectura, los niños me permiten ver cómo son por dentro... y os aseguro que todos brillan tanto que son capaces de iluminar el firmamento entero.

Mi intención con este libro, *Crecer con valentía*, es simplemente seguir compartiendo lo que los pequeños me han enseñado a lo largo de mis treinta y cuatro años de profesión, deseando de todo corazón que os pueda ser útil para que haya más valientes en vuestro hogar, pero también en las aulas, en los barrios y en las ciudades... porque, mientras lo leáis, descubriréis que es vital que eso suceda.

Y la primera pregunta que voy a haceros es la siguiente: si entrenamos a diario a nuestros hijos e hijas en el miedo, aunque sea inconscientemente, cuando les decimos «ojo, no te caigas», «solo no podrás», o a través de nuestros actos, cuando les hacemos los deberes, por ejemplo, o cuando discutimos la nota de un examen con su profesor de la ESO, y les estamos transmitiendo **«no lo conseguirás sin mí a tu lado»**... **¿Cuándo lo compensamos?** Quiero decir, **¿cuándo toca entrenarlos justamente en lo contrario,** o sea, en su valentía? ¿Lo estamos haciendo cada día y en la misma proporción? Porque cuanto más temor haya en ellos y ellas, más grande deberá ser su valentía, y no tengo nada claro que los padres y madres seamos conscientes de que los estamos educando para que crezcan con miedo (es decir, en la cobardía de no atreverse) y **no para que crezcan con su valentía.**

«¡Soy valiente y no lo sabía!», me dice un orgulloso Eloy, con sus 7 años recién cumplidos. Y no lo sabía porque nunca lo había probado: su miedo siempre había decidido por él cuando su cabecita le decía «¡no lo hagas, que te puedes hacer daño!», y la sobreprotección de los padres sólo aumentaba sus temores. Eloy descubrió hasta qué punto era capaz de realizar un montón de cosas por sí mismo, ya que hasta ese momento se las habían hecho sus papás. Nunca había imaginado que fuera capaz, me dijo, **de superar un miedo con la única ayuda de la valentía,** y que ésta la podía coger de dentro (o, en su caso, del bolsillo del pantalón, que era donde yo le ayudaba a guardarla cada vez que acabábamos una actividad para que le resultara más sencillo entender que las emociones las podemos coger o dejar ir siempre que nos convenga). Y cuando lo probó y le funcionó, automáticamente le subió la autoestima, se ilusionó y se sintió capaz de todo durante el resto de los campamentos: de montar a caballo, de escalar el rocódromo o de pasear por el bosque en la oscuridad de la noche. ¡De verdad que hasta caminaba diferente! Lo que hizo este pequeño fue demostrarse a sí mismo, a sus compañeros y a su profesora que tenía una gran valentía, sólo que hasta ese día no había tenido la oportunidad de practicarla y de exhibirla. Lástima de todas las ocasiones que se había perdido hasta entonces, aunque, bien mirado, **hay quienes descubren que son valientes mucho más tarde... o nunca, ¿verdad?** En todo caso, hemos de saber que el valor tiene un gran poder, exactamente el mismo que el miedo, y que lo importante es decidir con cierta libertad qué quieres sentir. Y para ser libre es imprescindible primero conocer y entender cómo funcionan nuestras emociones porque son las que nos empujan a actuar, las que deciden cómo nos comportamos e, incluso, lo que pensamos. Así que os invito, amigos y amigas, a que ni vosotros ni vuestros pequeños os convirtáis **nunca en prisioneros de vuestras emociones sin tan siquiera daros cuenta.**

Creo que a veces sería bueno detenerse a ver si lo que queremos para nuestra vida se corresponde con lo que estamos haciendo con ella, ¿no? ☺

1

¿Qué es educar? Piensa en grande

HIJO, ESCUCHA PARA ENTENDER, NO PARA RESPONDER

«Educar» (etimológicamente, *ex ducere*) viene a significar «dar al que aprende los medios para abrirse al mundo, y encaminarlo a desarrollar todas sus posibilidades». Aunque hay multitud de definiciones del significado «educar», no entraré en tecnicismos ni en teorías de diferentes autores. Sólo os puedo decir lo que tengo claro, porque es lo que veo cada día y es que educar para mí **no es acumular**.

Como educadora, mi gran misión con ellos **es transformar para encender**, así que posiblemente ésta sea mi definición sobre qué es educar: **encender esa llama que somos cada uno de nosotros** (¿cuántos la llevamos latente?), **y entrenarlos y formarlos** para que tengan la fuerza, la confianza y la voluntad de hacerla crecer y de convertirla en una luz incandescente difícil de debilitar, con el objetivo de que algún día incluso puedan iluminar el mundo.

He empezado este primer capítulo invitándoos a que penséis en grande, ahora ya sabéis a qué me refería, y para ello hace falta sobre todo una cosa: valentía.

Posiblemente educar sea esto: conseguir que tus hijos o

alumnos algún día puedan hacer más brillante el mundo en el que vivimos. Y para lograrlo, primero necesitamos, padres y profesores, **pensar en grande**. De hecho, opino que un educador no puede serlo sin este requisito, el de pensar en grande sabiendo que el que no se haya hecho antes algo no significa que no sea posible, ya que las criaturas se merecen que como mínimo lo intentemos.

En la entrada de las oficinas tenemos un cartel enorme que pone: NO QUEREMOS LOS MEJORES NIÑOS **DEL** MUNDO, QUEREMOS LOS MEJORES NIÑOS **PARA** EL MUNDO. Por algún motivo, demasiados padres y madres nos hemos creído que tenemos la obligación de tener los mejores hijos e hijas **del** planeta, lo cual, además de ser imposible, provoca angustia y estrés en una especie de carrera agotadora para padres, madres, hijas e hijos por convertirse en unos cracks del inglés, de las mates o del deporte que sea... o de todo a la vez, **por aquello de que cuanto más, mejor**. Es como si conseguir un hijo fantástico nos posicionara en lo más alto del podio del nuevo e imaginario estatus de los «padres modélicos».

Recuerdo a Julia, una niña de tan sólo 7 años que me dijo: **«mis padres siempre me dicen lo que necesitaré de mayor, pero nunca me han preguntado lo que necesito ahora».** Me sorprendió su reflexión, e indagando, me explicó que hacía 3 extraescolares y no le gustaba ninguno de ellas (Kumon para ser brillante en matemáticas, inglés para tener trabajo de mayor y danza para conseguir un cuerpo esbelto y elegante). Pensé que si sus padres no le preguntaban sobre qué necesitaba ahora, lo haría yo. Y ¿sabéis qué me contestó? «Llegar a casa y jugar los tres.» Sólo quería jugar con sus padres por la tarde, al volver de la escuela, ya que era hija única. ¿Y sabéis? Al juego le acompaña la alegría, el conocerse los unos a los otros, la creatividad, el humor, los abrazos y besos... exactamente lo que necesitan los niños y niñas para sentirse seguros y empezar a caminar hacia su esencia, la de saber quiénes son.

Pero si queremos que nuestros hijos e hijas brillen, que sean auténticos y desarrollen todo su potencial no para ser los o las mejores **del** mundo, sino para ser los o las mejores posibles **para** el mundo en el que tendrán que vivir, tal vez deberíamos empezar por comprender que los niños y las niñas son únicos, no hay dos iguales, todos y todas son diferentes, lo cual es preciso respetar cuando estamos educando.

Y si tuviera que deciros qué dos aspectos deberíamos tener en cuenta, como mínimo, para respetarlos, serían éstos:

Primero y ante todo, ¡**no querer un clon**! Me refiero a que es natural que tu hijo lea antes que su primo, y que su primo sume antes que el tuyo. De hecho, qué más da. Lo importante es que uno y otro acaben sabiendo todo lo que es importante para ir por la vida, que se sientan seguros y confiados, valientes y atrevidos para extraer su talento, todo su potencial. Porque cuando empieza la competición (que el mío sea el que lea antes, pero también el que sume antes, y que haga todo antes y mejor) ya la hemos liado, y más pronto o más tarde el niño o la niña, o los padres, o los tres a la vez explosionarán. Es decir, la presión y la angustia de educar hacia fuera, más centrados en compararlos con los demás que en buscar la mejor versión de ellos mismos, se manifiesta en forma de malestar emocional o, peor aún, en patologías físicas y mentales como la ansiedad o la depresión. Esto está pasando, y cada vez más. Eduquemos a nuestros pequeños respetándolos y **dejemos de querer sentir el éxito a través de ellos**, porque, al fin y al cabo, no nos hace falta, ¿verdad que no?

Y el segundo aspecto a tener en cuenta sería **descubrir los talentos escondidos** de nuestros vástagos para hacerlos crecer, porque esto les ayudará a acercarse a su autenticidad, a descubrir quiénes son en realidad. Para conseguirlo es imprescindible conocer a nuestros hijos e hijas, saber cómo piensan y qué opinan de las cosas, **y escucharlos para entenderlos, no para responderles o para juzgar si están cumpliendo con la expectativa** que nos habíamos montado en nuestra cabeza; pensemos que los chicos se dan cuenta de todo esto pues están muy atentos a la mirada de orgullo o decepción de sus padres y madres.

Lógicamente hacer diferentes actividades o extraescolares para que pruebe diversos deportes, artes, música y todo lo que le llame la atención es genial si te lo puedes permitir. Pero con el objetivo de explorar, de probar y de conectar con lo que le gusta o apasiona, simplemente. **No para tener que ser el o la mejor**.

Recuerdo a Rocío, una pequeña de 7 años, fresca y divertida, con poquísima tolerancia a la frustración. De hecho, ella misma te lo decía gritando: «¡¡¡No lo soporto, no soporto no tener lo que quiero!!!», «¡¡¡No soporto esperar!!!». Era tan intensa su reacción ante cualquier situación que no salía como era su deseo, que todos veían en ella sólo eso, su «histerismo», y las etiquetas de «caprichosa», «mimada» o «insoportable» empezaba a creérselas ella misma y también los que estaban a su alrededor. Un día, hablando sobre el hada Merla (un personaje que sale en el bosque mágico en verano), Rocío se inventó una historia sobre ella. Los niños del grupo empezaron a reírse diciéndole: «No es verdad, Rocío, te lo estás inventando, ¡el hada Merla no ha dicho eso!». Me resultó interesante la situación, así que, en vez de poner la atención en si era verdad o mentira lo que decía Rocío, empecé a hacerle preguntas sobre la historia que contaba del hada: dónde vivía, qué comía, qué colores le gustaban, si tenía madre y hermanas... y la niña iba generando respuestas coherentes, totalmente inventadas, pero con un argumento brillante y lleno de sentido. Al final le pregunté: «¿Y cuál es la misión del hada Merla?», y ella, como si hubiera sido la autora de un personaje tierno y dulce, que poco tenía que ver con el real, me contestó: **«Salvar de la impaciencia a los niños del mundo»**. Su mirada deseaba que *su* hada Merla existiera porque ella necesitaba desesperadamente hacer desaparecer la impaciencia que sentía cada día, hora tras hora, y haciendo gala de una enorme generosidad, pedía inconscientemente que, si había más niños y niñas impacientes como ella, también los ayudara. Observé cómo todos sus compañeros la escuchaban con interés, y cuando acabó, le dije que de mayor podría ser escritora, que tenía una gran imaginación, que era creativa y brillante, que además era generosa por pensar en todos los niños del mundo, y que me gustaba más la misión de su hada Merla que la misión de la de verdad.

Mirar y ver a los niños y niñas y descubrir sus talentos escondidos es **regalarles una oportunidad**. Ése es mi trabajo, **centrarme en ver todas sus posibilidades, en lo que aún no son pero pueden llegar a ser**, y no sólo observar lo evidente o visible, y para eso me entreno y nos entrenamos cada día los que somos educadores emocionales.

Aquello supuso una oportunidad para Rocío, la de darse cuenta de lo bueno que tiene (inventiva, gran capacidad de narrar historias, generosidad) y para ayudarla a desdibujar los comportamientos disruptivos y/o negativos. Porque sí, Rocío es impaciente, agotadora y caprichosa, pero con un talento innato para crear historias y sumamente divertida. Y poniendo la atención en lo bueno, curiosamente su comportamiento mejoró día a día de manera fácil y sorprendente. Saberse generosa consiguió que pusiera toda su atención en ayudar a recoger la mesa, en apoyar a sus amigos hasta el punto de ser mediadora en alguna discusión desplegando una originalidad increíble. Lo digo siempre y lo repetiré tanto como haga falta: **los niños son brillantes cuando se les señala el camino hacia sus talentos, porque mejoran de manera exponencial**.

Cuando hablo con los padres y madres, demasiadas veces observo incoherencias; por ejemplo, dedican decenas de horas cada mes a que hagan los deberes, vayan a las mejores extraescolares de inglés o lo que sea y así puedan brillar en la escuela, como si con ello asegurasen el futuro y la felicidad de sus hijos. Y sin embargo no se dan cuenta de que **sobresalir en la escuela tiene poco que ver con destacar en la vida**, y la mayoría de los padres acaban confesando que los más estudiosos de su clase cuando eran pequeños no siempre coinciden con los que más éxito han tenido. Pero alguien que **no sigue el código establecido por el sistema educativo** queda fuera de él, y el niño o niña, decepcionado de sí mismo, abandona, se desanima o tiene comportamientos llenos de rabia (o las tres cosas a la vez). **¿Sabéis el trabajo que cuesta sustituir la decepción de uno mismo por el orgullo?** Una buena autoestima es lo que necesitan estos chavales, cuando además hay estudios que demuestran[1] que el éxito no depende tanto del coeficiente intelectual como de la inteligencia emocional (en un 77 % de media contra un 23 %), la cual, entre tantos deberes, exámenes y refuerzo extraescolar, posiblemente no hemos tenido tiempo de entrenar en la misma proporción.

Sé que pensar en grande, hoy en día, es ir a contracorriente y resulta sólo apto para padres y madres valientes que se atreven a romper con los esquemas establecidos, aquellos con los que hemos crecido desde muy pequeños, es decir, el de «dibujar sin salirnos de las rayas», con un sistema educativo prácticamente obsoleto, pero que ya se está dando cuenta del problema y empieza a modificarse para adaptarse. Un sistema educativo es tan grande que cualquier cambio es lento. A los padres que se me quejan y centran todas las culpas en el sistema siempre les digo lo mismo: **«Olvídate de lo que no puedes cambiar y empieza a ocuparte de lo que sí está en tus manos: tu hijo, tu hija».**

Siento que demasiadas veces confundimos educar con adiestrar. Educamos cuando conseguimos que un crío piense por sí mismo desde bien pequeño, poniendo límites y generando hábitos saludables, por supuesto, pero permitiendo que su imaginación y su creatividad respondan a nuestras preguntas con su mirada de niño, para al mismo tiempo poder conocer su esencia y saber cómo piensa por dentro, como la imaginativa Rocío. Adiestramos cuando sólo esperamos la respuesta correcta porque está en un libro, o porque es la que espera el adulto en su anhelo por tener un hijo o una hija perfectos, o de hacer lo que supuestamente toca o lo mismo que todo el mundo, **convirtiéndolo más en un proyecto que en un hijo o hija**, y no aceptándolo tal y como es, con la mejor de las intenciones, por supuesto, pero **alejándolo de lo único que podrá realmente llegar a ser**: él o ella.

Tú puedes ser feliz cuando **eres libre para ser tú mismo**, no cuando sólo estás pendiente de contentar a tus padres con tu actitud, tu comportamiento e, incluso, con *su* manera de pensar. Porque es exactamente aquí cuando veo que el chaval está siendo domado como los caballos de La Granja, y cuando su mirada deja de brillar en medio del silencio, cuando se va perdiendo su originalidad, cuando su corazón deja de vibrar porque se está convirtiendo en un actor o en una actriz que sigue un guion escrito por otro (y un actor puede ser un gran intérprete, pero nunca el guionista de su propia historia). Llegado este punto es cuando veo que el joven o la joven se olvida de sonreír mientras se siente vacío y se aleja día a día de lo más preciado que tiene: **ser él, ser ella**. La base del éxito y de la felicidad se pierde en nombre de las matemáticas, de la lengua o de unas notas que te dicen si estás dentro o fuera de un **sistema que nunca ha contemplado, al menos hasta ahora, que educar no es ni llenar ni acumular, sino encender.**

¿Quién se atreve a encender para educar pensando en grande?

2

La importancia de la valentía a lo largo de la historia de la humanidad

Hijo, no quiero que seas el mejor del mundo, sólo el mejor para el mundo

Se escribe sobre el coraje y la valentía desde tiempos ancestrales, esa cualidad del carácter que han tratado teólogos, filósofos y escritores, obras literarias, películas, cuentos, canciones y videojuegos. **Cómo nos gusta a los hombres y a las mujeres la valentía**, ¿verdad? Supongo que es porque al lado de la valentía están siempre la humildad, el sacrificio, el honor, la justicia, la inteligencia y la libertad. Así eran nuestros héroes o heroínas cuando éramos pequeños, ¿los recordáis? Y cada uno de nosotros soñaba en convertirse, o al menos en parecerse, a uno de ellos en una especie de eco de nuestro inconsciente hacia nuestra propia valentía, aquella que todos tenemos dentro cuando nacemos, innata, aunque no la hayamos sacado a pasear mucho últimamente, por aquello de las prisas y las obligaciones diarias, que ya sabemos que son muchas y muy urgentes e importantes. Pero ¿cómo no escribir sobre este rasgo admirado en todas las culturas de la humanidad? ¿Por qué el coraje se ha considerado siempre como una de las grandes cualidades de los hombres y las mujeres, **y lo sentimos como una apreciada y honorable virtud?**

Etimológicamente, «valentía» (de *valere*) viene a significar «el que más vale, el más fuerte». Y diría que **todos queremos que nuestro hijo o hija sea el que más vale, el más fuerte**, ¿verdad que sí? Y es que detrás de la valentía hay los valores que supongo que todos deseamos: la voluntad, el sacrificio, la fortaleza interior, la determinación, el ánimo, el sentido del deber, la honorabilidad, la esperanza... Pero hoy en día ser valiente ya no es luchar contra los enemigos, ni contra malvados gigantes (al menos habitualmente). Hoy en día la valentía tiene más que ver con quien educa a contracorriente, con quien defiende sus ideas, aunque no sean mayoritarias, o con quien se atreve a no sucumbir a una moda para sentir que pertenece a un grupo. Hoy en día el coraje tiene más que ver con quien atiende sus tareas con orgullo y honor, o con quien es capaz de dar sentido a su trabajo, aunque para muchos no lo tenga, como aquel barrendero cuya misión era que sus calles fueran las más limpias de la ciudad. Hablamos **de aquellos que se sienten satisfechos**, de los que cada día se esfuerzan y no presumen, de los que tienen éxito y siguen siendo humildes y agradecidos, de los que no necesitan que los feliciten constantemente para estar animados y hacer las cosas. Así pues, la pregunta más simple sería: **¿estamos educando a nuestros hijos para que algún día puedan tener este tipo de valentía?**

Decía Castiglione[2] que «es en las pequeñas cosas, y no en las grandes, donde se acostumbra a conocer a los valientes».

La valentía comporta acción y la cobardía, todo lo contrario: es la pasividad. Sería una reflexión interesante darnos cuenta de en qué los estamos entrenando, si en la acción o en la pasividad, cuando los sobreprotegemos, es decir, si somos nosotros los que hacemos lo que pueden hacer ellos. Llevarles la mochila, hacerles las tareas de la escuela, atarles los zapatos, cuidar su entorno para que les resulte cómodo y perfecto, o defenderlos de todo y de todos, compañeros de clase incluidos, como si la vida fuera peligrosa. Y mientras hacemos todo esto, los estamos educando en el miedo, convirtiéndolos en niños y jóvenes pasivos y débiles. **Pero la vida no es peligrosa**, estamos preparados para ella, evolutiva y socialmente hablando; todos nosotros **podemos ser nuestros dignos protectores**. ¡Enseñemos esto a nuestros hijos! Porque lo que sí es peligroso es convertirlos en seres frágiles con una necesidad constante de que otro los guíe y los defienda, transformándolos, en definitiva, **en personas indignas de sí mismas**.

Tengo la preocupante sensación de que haber incapacitado a nuestras criaturas será el gran reto a revertir del siglo XXI.

Pero ¿por qué el coraje ha sido tan honorable y admirable a lo largo de la historia y en todas las culturas? La respuesta es fácil de entender, y muy lógica evolutivamente hablando. Ahora veremos de qué modo la valentía fue vital para que sobreviviéramos como especie.

Ya en el Paleolítico los machos y las hembras buscaban la pareja más adecuada posible para que sus crías fueran las ideales para triunfar y reproducirse. Las hembras se acercaban a los machos que pudieran asegurar el devenir de sus crías; por este motivo, los signos de poder, fuerza y valentía las atraían. Y estos machos, además, tenían más opciones para escoger entre las hembras más fuertes y llamativas. Sin salir del Paleolítico, las normas sociales fueron mejorando la cohesión, lo cual les otorgaba más poder pues permitía que la tribu fuera más competente como grupo y pudiera sobrevivir frente a otras sociedades enemigas. De hecho, éste es el origen de nuestros antepasados, los *Homo sapiens* de hace aproximadamente 200.000 años, una tribu africana que consiguió extenderse por toda la Tierra conquistando y sobreviviendo al resto de los homínidos existentes, como los *Homo habilis* o los *Homo neardenthalensis*, gracias a que ellos tenían normas sociales mejor establecidas y un sentido de grupo *más* elaborado, lo cual los hacía competitivamente superiores.

Tiempo después la religión actuó como un gran cohesionador, ya que una mayor entrega de los individuos conseguía una ventaja en la lucha contra otros grupos menos unidos. Como animales sociales que somos, siempre se premiaba (y se sigue haciendo) las actitudes positivas que beneficiaban la seguridad y la supervivencia de la tribu, como el valor, la generosidad o la justicia, y se despreciaba todo aquello que ponía en riesgo a la comunidad, como el egoísmo, la cobardía o la traición. Y sí, aún ahora el **egoísmo y la debilidad de la cobardía pueden hacer peligrar una familia**, un equipo, una clase o, incluso, una empresa.

Ya veis que **la valentía ha sido vital para llegar a ser quienes somos como sociedad**; descubrir cómo encender una bombilla por encima de los cientos de errores y las críticas que recibió Thomas Edison[3] es una muestra de que una sola persona es capaz de cambiar el curso de la historia con su coraje, su empuje y su creatividad. Pero es preciso que antes esa persona haya sido educada para soportar la presión que supone seguir lo que uno cree, y no lo que una mayoría quiere que siga o crea.

Aún quedan muchos rituales relacionados con la importancia que se le ha dado a la valentía en nuestra evolución como especie; por ejemplo, la de los hamer, una tribu africana de Etiopía en la que, para celebrar el paso a la madurez, los chicos de 16 años han de pasar saltando por encima del lomo de diez vacas; si lo consiguen, habrán superado con honor el ritual, y si caen, la tribu entera podrá mofarse de ellos el resto de su vida. Imagino que estos muchachos se espabilan para estar bien preparados cuando llegue ese día, cuando **su valor tendrá la ocasión de ser expuesto y admirado por todos**. Contar con esta oportunidad debe de resultar interesante, ¿no? Especialmente cuando somos jóvenes y necesitamos encontrar el sentido a todo, y como la **valentía y el honor van juntos y a todos nos encanta sentirlos**, me parece genial generar oportunidades para que nuestros adolescentes **puedan demostrar las capacidades que los dignifican**.

Los siux, los grandes guerreros amerindios de Estados Unidos y Canadá, despertaban en invierno a sus hijos de madrugada, hacían un agujero en el hielo del río y los bañaban. Cuando los misioneros, allá por el año 1830, les preguntaron por qué lo hacían, las madres contestaron: «Estamos enseñando a nuestros hijos e hijas a ser valientes». La supervivencia dependía de su coraje, y como los padres y madres sabían que les resultaría imprescindible, los entrenaban desde bien pequeños mediante las costumbres y las tradiciones que ayudaban a alinearse como tribu, para que todos se educaran en los mismos valores, convirtiéndose así en grupos más cohesionados y, por lo tanto, fueran competitivamente superiores a otras sociedades enemigas.

En otra parte del mundo, los masáis, un pueblo africano de Kenia y Tanzania, tienen también un ritual para celebrar la transición a la edad adulta y a la clase guerrera: se trata de dormir solos en el bosque a los 10 años. Después, de los 10 a los 20, viven apartados en un campamento de entrenamiento para convertirse en hombres, guerreros y protectores de la tribu. Y en nuestras antípodas, en Australia, los aborígenes también tenían una antigua costumbre: enviaban a sus hijos a vagar durante seis meses por el desierto sin que nadie los pudiera ayudar. Si volvían, se los consideraba ya hombres.

Éstos son algunos ejemplos que nos pueden ayudar a percibir

cómo el cambio de la niñez a la adultez se ha considerado suficientemente significativo a lo largo de la historia de la humanidad, motivo por el cual se celebraban multitud de rituales, los cuales servían para llenar este momento de sentido, es decir, para que los chavales entendieran los momentos trascendentales de la vida, a la vez que **establecían un vínculo y un compromiso fuertes**, en este caso entre ellos y la sociedad a la que pertenecían. No sé si actualmente hemos sustituido estos rituales «del paso a la adultez» por alguna otra cosa, pero por lo que veo, el mensaje que se daba de **responsabilidad, honor y deber hacia la tribu** tal vez lo estemos obviando, porque hay demasiados jóvenes pendientes de ellos mismos y de lo que quieren o necesitan, y que muestran poca generosidad hacia los otros y un escasísimo agradecimiento hacia sus familias. Pero, claro, también observo a demasiados padres obsesionados en dar y dar a los hijos, proporcionándoles de todo casi ilimitadamente, y, a la vez, siendo poco exigentes en pedirles esfuerzo y compromiso en sus deberes, que también los tienen. Diría que, como hecho social, este cambio, el de producir **jóvenes entrenados para ser dependientes**, es la primera vez que se da de manera tan global y significativa, provocando ese vacío, esa falta de plenitud que veo en tantos adolescentes.

Si os fijáis, hay dos aspectos que se repiten en la mayoría de los rituales hacia la adultez. Por un lado está **la autonomía**, pues se entendía que **ser autónomo era una competencia imprescindible para ser considerado adulto**, y ésta, además, debía ser demostrable ante los ojos de toda la comunidad para que el individuo pudiera ganarse su respeto y, con ello, sentirse honorable y orgulloso de sí mismo, lo cual le otorgaba más fuerza, confianza y seguridad para caminar por la vida. El otro **es la valentía, que además de ser mental, debéis recordar que también es física** (superar los miedos a la soledad es valentía mental, por ejemplo, y caminar o correr aporta valentía física. Hoy en día es muy fácil aumentar esta última cualidad de nuestros hijos gracias a una herramienta genial, el deporte, que además está al alcance de todos).

Peter Jefferson llevó al bosque durante toda una noche a su hijo de tan sólo 10 años, Thomas Jefferson,[4] para poner a prueba sus habilidades de supervivencia. No hace falta que imitemos esto, aunque quedan pocos bosques con osos e indios, como sí fue en ese caso; pero tampoco es necesario que hagamos todo lo contrario, es decir, anular todos y cada uno de los temores o dificultades de nuestros hijos, como le pasó a Eloy, el niño del que os he hablado en la introducción, el que nos dijo que no sabía que era valiente, porque entonces ni siquiera se darán cuenta de lo que son capaces de hacer por sí mismos, de su valentía y de sus capacidades de supervivencia para ir por el mundo.

Los maorís, pueblo indígena de Nueva Zelanda, vivieron aislados del resto del mundo durante muchos años. Destacaban por su conexión extremadamente respetuosa con la naturaleza, por su espiritualidad y por ser unos guerreros valientes y salvajes, motivo por el cual consiguieron imponer su cultura a los colonos que emigraron a sus tierras. La famosa *haka* que aún podemos ver en los partidos de rugby era la antigua danza guerrera que bailaban antes de entrar en combate con el fin de mostrar su poder, su fuerza y su valentía para debilitar emocionalmente al enemigo.

En la región amazónica de Brasil, los niños de 13 años de la tribu indígena sateré-maué salen a buscar hormigas bala y las meten dentro de guantes que los niños deberán ponerse durante diez minutos mientras aguantan el dolor de las picaduras, demostrando así que están preparados para ser adultos, y pocos gritan porque es señal de debilidad.

No hace falta ser tan extremos en los rituales, aunque a veces tengo la sensación de que si los maué o los maorís vieran la debilidad de algunos de nuestros jóvenes (dependientes, egoístas, impacientes y con pocas ganas de levantarse de la cama), se escandalizarían y no entenderían **para qué los estamos educando en aumentar sus miedos y no en potenciar sus fortalezas** (como ellos, a su manera, provocaban con sus rituales). Porque la familia y la sociedad, por muy modernas que sean (o nos creamos que son), necesitan exactamente lo mismo para avanzar y sobrevivir como especie: **jóvenes fuertes, autónomos y valientes que algún día tendrán que tirar del carro de su tribu.**

Recuerdo a Iván, un pequeño de tan sólo 7 años que nos dijo: **«Si tienes empatía, puedes sentir el corazón del otro».** Y tiene toda la razón; como animales sociales que somos, la empatía ha sido básica para que sobrevivamos como especie. De hecho, todos somos capaces de sentir el corazón del otro, aunque estas últimas décadas, por aquello de las prisas y de estar siempre tan ocupados, a veces no tenemos tiempo para detenernos a sentir el corazón de ese niño o niña que tenemos plantado delante, y lo que es peor, tampoco lo tenemos de escuchar nuestro propio corazón, que a veces quiere decirnos algo desesperadamente. Y tan acelerados vamos que los colegios y especialmente los institutos están llenos de jóvenes que sienten que nadie los mira, que nadie los ve ni escucha lo que su corazón trata de decirnos. No sé si esta situación, habitual y cotidiana, nos beneficia como tribu o no, en todo caso puedo afirmar que la falta de empatía nos está haciendo más débiles, inseguros y desconfiados, tal vez. ¿Por qué no se respeta nuestra esencia humana?

En realidad, todo está relacionado, unido internamente para conseguir lo más preciado, nuestra supervivencia (por mucho que las modernidades de la vida nos lleven a obviarlo). Fijaos en un detalle: **cuán importante es para nosotros sentir que somos útiles**. Recuerdo que durante una jornada sobre parados de más de 50 años me pidieron que hablara de cómo ese hecho les afectaba emocionalmente. Preguntando a las personas en cuestión, que estaban sentadas en la sala, lo que más me repetían era que «no se sentían útiles» y lo acompañaban con expresiones de baja autoestima (se despreciaban), desmotivación (no tenían ganas de levantarse por las mañanas), desilusión (la vida ya no valía la pena, se abandonaban, no se afeitaban, no se duchaban...), depresión (muchos estaban medicados) y tenían comportamientos adictivos, además de un aumento de emociones como la rabia, la irritabilidad o la ira.

Resulta curioso que el **sentimiento de utilidad y la autoestima están estrechamente relacionados**, unidos irremediablemente para que **cuando tú aportes a la tribu, recibas una recompensa** en forma de un aumento de tu autoestima (es decir, de la opinión que tienes de ti mismo, muchas veces fomentada por las miradas de aprobación de tu entorno). Inteligente, ¿verdad?

Antiguamente, en el pueblo inuit del Ártico, cuando uno de sus ancianos se convertía más en un estorbo que en una ayuda, solicitaba abandonar la tribu para morir solo en el hielo, a pesar del gran dolor de su familia. El poco alimento que podían cazar o pescar en esas latitudes tan duras debía ser primero para los miembros de la familia que eran útiles, es decir, que podían trabajar y aportar a la comunidad. Su sacrificio era una de las maneras que tenían de sobrevivir como sociedad.

Ahora traslademos esta relación (utilidad y autoestima) a los chavales sobreprotegidos, aquellos a los que se les da y se les facilita todo, los que son poco autónomos y muy inseguros. ¿Creéis que se sienten útiles? Si no estáis seguros, preguntadles. Cuando yo lo hago, muchos me responden con un rotundo y clarísimo «no». Y todo este argumento tal vez pueda ayudar a entender la causa de que haya tantos y tantos niños con baja autoestima, sentimiento de vacío y desconfianza como los que me encuentro hoy en día.

¿Sabéis?, la mayoría de los jóvenes se mueren de ganas de ser útiles, y tienen su valentía en estado de *pause*, esperando una oportunidad para que puedan demostrarla. **¿Se la damos?**

3

¿Qué es la valentía?

Hijo, ser valiente no es no tener miedo,
es tenerlo y, aun así, hacerlo

La valentía es un comportamiento que se podría definir como la fuerza de voluntad para sacar una acción adelante, a pesar de las dificultades o del miedo, y que por alguna razón vale la pena hacerlo. **Ser valiente no es no tener miedo, es tenerlo y, aun así, hacerlo**; tampoco es no necesitar ayuda, es saber que te hace falta y pedirla; ser valiente no es no tener momentos malos, es vivirlos y afrontarlos con determinación a pesar de las dudas.

Según el filósofo, ensayista y pedagogo español José Antonio Marina, «la valentía es la virtud del inicio y de la perseverancia, condición indispensable para la autonomía y la libertad». En otras palabras, el mismo autor considera el coraje como «la virtud de despegar para conseguir la felicidad». Es decir, **valentía, autonomía, felicidad y libertad** están intrínsecamente unidas y, curiosamente, alineadas del todo con los objetivos de los rituales de los que hemos hablado en el capítulo anterior para convertir a los niños en adultos competentes para la tribu y no para ser necesariamente los mejores de la tribu. Aquí debo aclarar también un punto muy importante, y es que ser valiente **requiere actuar con**

inteligencia, es decir, con lucidez, raciocinio, audacia y/o estrategia por el bien de la comunidad. Es importante **no confundir el coraje con la temeridad**, que es no tener miedo a nada, lanzarse sin pensar ni contar, consecuentemente, con el grupo o las personas que te rodean. En este libro estoy hablando de la **valentía inteligente**, aquella de la que nace el orgullo porque es un **coraje consciente**, es decir, que mide y **sabe que siente algún tipo de temor, pero, aun así, se atreve a hacer las cosas** o como mínimo, a probarlas, porque **la valentía significa, en definitiva, conquistar el miedo**.

La valentía es una actitud que se entrena, y para convertirla en un hábito sólo hay que hacer una cosa: **¡practicarla!** Pese a lo mucho que nos encantaría que nuestros hijos fueran valientes gracias a un libro inspirador o a un videojuego, no es posible; lo han de experimentar ellos mismos aprovechando los pequeños miedos que sienten en su día a día. Y como en cualquier entrenamiento, también hace falta voluntad, es decir, querer hacerlo, querer ser valiente, querer que tu hijo o tu hija sea valiente. Así que tal vez debería hacerte la pregunta: **¿quieres?**

Y si quieres, recuerda que **hace falta ser fuerte para ser valiente**, eso creo que lo tenemos todos claro, ¿verdad? Los rituales que hemos mencionado servían para que los chicos se dieran cuenta de lo fuertes que eran, y de su capacidad a la hora de superar los temores para, a partir de ahí, poder engrandecer la valentía y la fortaleza cada día un poquito más. Por eso es tan importante **ofrecerles ocasiones para ser valientes**, porque si practican el coraje desde pequeños, más fácil les resultará tanto a ellos como a nosotros, sobre todo porque sabrán por experiencia que también puede hacerlos perder momentáneamente el bienestar o la comodidad, y de este modo, cuando les pase (y nosotros ya no estemos delante de ellos), **no se asustarán**, ya que será una información que tendrán integrada. Y si alguna vez apareciese el desánimo, siempre podréis recordarles que si persisten y lo siguen intentando (tal y como los habéis educado), en algún momento lograrán sentirse **honorables, dignos y libres**.

Se pueden ofrecer muchas oportunidades para entrenar la valentía (y sentir la incomodidad). Os pondré como ejemplo un proyecto solidario que realiza un importante club deportivo para sensibilizar a sus deportistas, niños y jóvenes en formación, y donde los jugadores interactúan con diferentes causas sociales, interrelacionándose de manera activa con las personas vinculadas con cada una de esas causas, ya sean niños, jóvenes o adultos. Recuerdo uno de los días en que íbamos a visitar el Instituto Guttmann (hospital de neurorrehabilitación de Barcelona), y los jugadores, desde sus asientos del autocar, escuchaban atentos las explicaciones sobre la actividad conjunta que harían con las personas que estaban a punto de conocer; asimismo, les pedíamos que expresaran aquello que sentían para prepararlos emocionalmente con objeto de que la experiencia fuera positiva y enriquecedora y supusiera un aprendizaje significativo para ellos. No puedo olvidar sus miradas, sus ojos abiertos como platos, llenos de espanto. El silencio era intenso, incluso parecían haberse quedado sin respiración. Ninguno se atrevía a hablar y mucho menos a expresar sus emociones, siguiendo esa costumbre que tenemos muchos de nosotros de esconderlas, por aquello de no sentirnos vulnerables ante el mundo, o tal vez porque nos hemos creído que, **no haciéndoles caso, desaparecerán** (cuando es todo lo contrario, se volverán más grandes e incontrolables). Como os decía, la tensión iba aumentando con aquel silencio sepulcral y rígido, hasta que el más valiente del equipo (en este caso, el entrenador) dijo: «Siento miedo, mucho miedo». Y justo en aquel instante los cuerpos de los jugadores se relajaron, destensaron sus cuellos, las mandíbulas y los hombros, y a la vez todos ellos se atrevieron por fin a expresar lo mismo, el temor, y algunos, la rabia de imaginarse en silla de ruedas por culpa de un accidente. No era el objetivo de la actividad trabajar la valentía, sino la generosidad, la responsabilidad y la solidaridad. Pero advertí que lo que más estaban entrenando aquellos chicos, acostumbrados a la fortaleza para sustentar la presión de ser un deportista de élite, era darse cuenta de que **ser valiente consistía en conquistar los miedos, sus miedos**, y cuanto más profundos e intensos eran éstos, más coraje debían poner. Y el hecho de aprender que el miedo era falta de información y de que, obteniéndola (la oportunidad de realizar una actividad con personas que están sentadas en una silla de ruedas), les proporcionaría esa información necesaria para hacer sus temores más pequeños, les resultó muy valioso, sobre todo porque estaban comprendiendo cuán grande era su valentía. Y, ¿sabéis?, conocer este territorio significa entender cómo funciona el temor, saber por experiencia que es incómodo al principio, pero que, si lo afrontas, acabas siendo tú quien lo controla, no él a ti, **y de esta manera te conviertes en el propietario de tu libertad**.

Según Seligman y Peterson,[5] una de las seis virtudes humanas es el coraje, dentro del cual hay cuatro fortalezas: la valentía, la persistencia, la integridad y la vitalidad. La psicooncóloga Marta de la Fuente[6] explica que cuando realizas un acto de valentía pones en marcha tus estrategias de regulación emocional, trabajas con tus miedos, con tus sensaciones físicas y con tus preocupaciones. Es decir, todo tú, tu estado emocional, tu pensamiento y tu conducta están allí, activos y trabajando en equipo, como los jugadores del autocar. Y todo eso es lo que evitamos que hagan nuestros hijos e hijas cuando los sobreprotegemos y no permitimos que su valentía salga y actúe de vez en cuando, a la vez que hacen un montón de trabajo dentro de sí mismos para crecer.

Pienso que **crear ocasiones para entrenar la valentía de manera intencionada y bien diseñada debería ser uno de los objetivos de los padres y madres, así como, y muy especialmente, del sistema educativo y de los educadores**.

Hablar de educar en la valentía es también hablar **de educar a largo plazo**, y es la propuesta que os hago, porque la gratificación inmediata (le pongo delante la pantalla y así dejará de estar enfadado) acostumbra a alejarnos del verdadero objetivo que todos anhelamos para nuestros pequeños, que sean fuertes, responsables, valientes... pero **la recompensa no llegará nunca si no los educamos para que lo sean**.

Recordad que siempre los estamos entrenando, hagamos lo que hagamos, **siempre les estamos diciendo alguna cosa**; si le pongo la pantalla, le entreno en la impaciencia (en el «no soporto esperar, lo que necesito yo va antes que lo que necesitan mis padres y, por tanto, yo voy antes que tú») y en la dependencia (en el «necesito que alguna cosa me calme, que alguien me resuelva mi malestar»). Y con nuestro acto le estamos diciendo que eso está bien, sustentando sus valores en que ser primero y dependiente es bueno (y el niño, lógicamente, se lo cree). Si, por el contrario, le pregunto: **«¿Qué necesitas?»**, le entreno en ayudarlo a entender de dónde viene su malestar para que busque dentro de él (y no fuera) una posible solución, convirtiéndolo en alguien un poco más autónomo, y diciéndole de paso que el valor de no depender de los demás es vital para su felicidad porque le ayudará a ser fiel a sus creencias, y a no dejarse llevar por las modas. La pregunta sería: ¿qué creéis vosotros que es más funcional para vuestros hijos? Y ahora pensad cuál de las dos opciones consideráis que es más saludable para ellos: **¿solucionárselo rápido o entrenarlos poco a poco, aunque cueste más?**

Enseñémosle que la felicidad te la das tú mismo. Ni las pantallas, ni los amigos, ni la pareja, ni los hijos, ni el dinero te la proporcionan; ellos tan sólo son una ayuda.

¿Y cómo podemos hacerlo? Os lanzo algunas ideas, como, por ejemplo, que entienda la paciencia y la practique, o la tolerancia a la frustración, y que tenga claro que en casa no entrenará la dependencia, ni la irresponsabilidad, ni la debilidad, ni el egoísmo. Dejar las cosas claras a mí siempre me ha funcionado con los niños, e ir de cara y ser sincera también, así que le podemos decir: «Hijo, pones por delante lo que tú necesitas a lo que yo necesito, y en esta casa el comportamiento egoísta no está permitido, así que, por favor, deja el móvil y pon la mesa». Si no tenemos rituales para la adultez, al menos dejemos las cosas claras para que no vayan confundidos en su camino para ser adultos.

Tal vez os preguntéis: **¿Hay alguna cosa que dificulte ser valiente?** Según la doctora De la Fuente, hay algunos aspectos que pertenecen a nuestra manera de ser o de hacer, y que ponen palos en las ruedas a nuestra valentía, especialmente cuando se trata de educar a los pequeños. Son estos siete: la necesidad de tenerlo todo bajo control, la baja tolerancia a la incerteza, el miedo a equivocarte, el perfeccionismo, el miedo al qué dirán, la baja autoestima y las inseguridades. Y dejadme añadir tres más: la desconfianza, la costumbre de hacer la peor interpretación posible y el ir acelerados todo el día.

Cualquiera de estas diez tendencias se convertirá en un impedimento más a superar. Costará más salir de la zona de seguridad porque requerirá un tanto por ciento mayor de superación de los temores y, en consecuencia, de valentía. Precisamente por ese motivo los niños o jóvenes con este temperamento o con estas tendencias naturales deberán hacer sólo una cosa: ¡entrenarse un **poquito más que los demás**!

Y dos ideas que pueden ayudar a superar estas tendencias con mayor facilidad serían: primero, **ser consciente de cuál es «mi tendencia»** y tenerla controlada tú a ella y no ella a ti, es decir, darme cuenta de en qué momento es mi *perfeccionismo* el que revisa los deberes de mi hijo para que estén impolutos, y evitar hacerlo diciéndome, por ejemplo, **«no pasa nada, sus errores le ayudarán a espabilarse»**; segundo, **sacar mi valentía de dentro**, diciéndome, por ejemplo, «mi valentía es más grande que mi miedo a que la señorita vea que no lo hace todo tan bien como se piensa». Y la misma fórmula puede ayudar a nuestros hijos e hijas.

Marta de la Fuente afirma que «la fortaleza de la valentía es importante entrenarla cada día porque sin ella es probable que no consigamos el bienestar, la serenidad, la satisfacción y el crecimiento como persona, ya que la valentía está implícita en todas las áreas de nuestra vida». Sí, es cierto, **la valentía está en todas las áreas de nuestra vida; en ese caso, ¿qué os parece?, ¿la convertimos en nuestro mejor truco para caminar por ella?**

Añado a este capítulo el asunto de **la toma de decisiones**, porque sí, también hay que ser valiente a la hora de afrontarlas, en especial cuando tenemos hijos y buscamos por todas partes consejos y, con frecuencia, que nos digan lo que tenemos que hacer.

Por lo que veo, cada vez más evitamos decidir por miedo a equivocarnos, y pedimos que sea hasta un grupo de WhatsApp quien lo haga por nosotros y de una manera desconcertante, al menos para mí. Con la buena intención de evitar cualquier error y quedarnos tranquilos, nos alejamos de todo lo que hemos hablado hasta ahora en estas páginas, como aquella madre (de la que más adelante, en el capítulo 36, os hablaré, porque la cosa merece un capítulo enterito) que, a las doce de la noche, preguntaba por el WhatsApp de las mamás de clase qué llevar a la excursión del día siguiente, si una botellita de agua o una cantimplora, por temor a que su hija de 4 años llevara algo diferente y evitar así que pudiera llegar a sentirse diferente del resto. No se le ocurrió a la madre que podía preguntarle a su criatura qué prefería, ni tampoco hacer lo más importante: confiar en ella misma y en su criterio como madre, y en el de su pequeña de 4 años, que os aseguro es capaz de reflexionar mucho más de lo que nos podamos llegar a imaginar, para decidir si quería la botella o la cantimplora para la excursión del colegio, donde posiblemente estaría más pendiente de ver los animales de granja que del envase para el agua.

Tengo decenas de ejemplos que demuestran la capacidad de razonamiento profundo de los niños más pequeños, como Laia, de 4 años, que después de estar una mañana haciendo actividades con los animales, nos dijo: **«El silencio es muy importante para tener el corazón tranquilo»**. Acariciando un conejo, al parecer, se dio cuenta de que cuando había silencio el corazón del animal latía pausadamente, y ella misma lo transfirió a su vida, posiblemente... porque ¿lo anhelaba? Para que esta carencia no le pase algún día a vuestro hijo o hija, tengámoslo en cuenta por las tardes, sobre todo cuando las convertimos en una especie de carrera con órdenes constantes («merienda, que has de hacer los deberes», «¡va, venga!, dúchate, que has de cenar», «tienes que lavarte los dientes antes de acostarte»...).

Los niños perciben nuestra angustia y, cuando llegamos a casa, ¿no os dais cuenta de que todos necesitamos sólo una cosa? Dejar de correr para disfrutar un poco de la calma y el silencio. Pues eso ellos también es lo que quieren. El silencio es un aspecto concreto sobre el que curiosamente muchos pequeños reflexionan; es algo que se repite mucho cuando trabajas con ellos, tal vez porque ¿lo añoran? Como ejemplo os pongo a Jordi, que con 5 años nos dijo, sorprendido: **«¡Con el silencio he aprendido a escuchar el viento!»**. Claro que es bonito y relajado escuchar el viento, sobre todo porque te permite escucharte a ti mismo, algo muy interesante y valioso para crecer de manera sana, ¿no creéis? **¿Qué os parece si intentamos dejarles más espacios libres y procuramos que vivan con un poco más de silencio en casa para que puedan tener su corazón latiendo más tranquilo y la cabeza imaginando mil aventuras?**

Profunda es también la reflexión de Ana, que con sólo 5 años nos dijo: **«Ayudar a los otros hace que me sienta orgullosa»**. Pues sí, es importante sentir esa sensación de orgullo y saber que ayudar a los demás es el camino más fácil para conseguirlo. Recordemos tenerlo en cuenta si nuestros hijo o hija están con la autoestima baja, porque **ayudarlos a que ayuden** los empoderarán.

Todas estas frases que nos dicen los niños y las niñas más pequeños me permiten darme cuenta de un detalle: que es vital para ellos y ellas tener algún lugar donde poder poner a prueba todas sus habilidades, no sólo su valentía, sino también todo aquello que técnicamente se llaman las «competencias emocionales», y donde además **puedan expresar lo que creen o experimentan sintiéndose aceptados, y no juzgados ni medidos**.

Como os decía, estamos condenados a tomar decisiones, y más cuando tenemos hijos; seamos valientes y no eludamos nuestra responsabilidad en nombre de la tranquilidad al asegurarnos no errar, porque los grupos de WhatsApp también se equivocan, y además nuestros hijos e hijas **nos imitarán en ese miedo a decidir**. Creo que todos sabemos que es básico que les enseñemos a tomar decisiones, a equivocarse y a aguantarse. Y será entonces cuando estemos entrenando cada día a nuestros pequeños en el coraje y, de paso, en su camino hacia la libertad.

Sólo vosotros decidís quién educa a vuestro hijo o hija, **si vosotros o vuestros miedos**. En todo caso, recordad que deberemos asumir el coste de lo que hacemos y de lo que no; nos guste o no, la factura siempre llega, lo veo a diario, especialmente en la adolescencia. No pretendáis hacerlo todo perfecto, no es necesario, y encima es angustioso e imposible, ¡olvidaos de eso! Dad la bienvenida a los errores y a los defectos, buscad el sentido común (el vuestro), la valentía (la vuestra) y la paciencia, mezcladlo todo con mucho sentido del humor **¡y ya veréis cómo os saldrá bien la receta!**

4

El valor de ser

Ya no somos tan firmes ni tan consistentes. Parece que ahora seamos todos más débiles y todo sea más superfluo, como si por dentro tuviéramos aire estancado que hiciera que ni tan sólo pudiésemos respirar profundamente, con aquella tranquilidad que da el valor de ser, **con aquella dignidad que nos aporta el coraje de atreverse a existir**. Es como si nuestra sangre ya no tuviera la ocasión de encenderse, aparte de en algún final de un partido importante. Pero ni en estas ocasiones somos nosotros los que llevamos la iniciativa, lo hacen grandes jugadores que admiramos probablemente porque pueden emocionarnos **como nosotros ya no nos sentimos capaces**. ¿Qué nos impide actuar, iniciar cosas, ideas y proyectos? ¿Qué nos dificulta soñar e imaginar? No hablo de sobrevivir, no hablo ni tan siquiera de vivir, **hablo de sentir que existes**.

Los jóvenes lo necesitan, a veces desesperadamente, porque los humanos hemos sido creados para soñar, para iniciar, para que nuestra sangre se acelere, para sacar energía por cada poro de nuestra piel, para sentir la alegría casi irracional de creer que sí se puede... Pero la desmotivación, la desesperanza, el egoísmo y la impaciencia **son territorio del miedo**, y a él siempre le acompañan la falta de ánimo y la cobardía que, por lo que parece, se han instalado en muchos adultos, en muchos jóvenes e, incluso, en muchos niños y niñas.

¿Qué nos está pasando? Parece que estamos muy ocupados en llenar vacíos, en atiborrar las horas y los minutos, y así pasan los días, los años, y por mucho que acumulemos, por muchas fotos bonitas que tengamos colgadas en el Insta para que algún desconocido nos admire, no nos sentimos realmente vivos, ni dignos de nosotros mismos. Y si nos admiramos, suele ser sólo de cara a la galería porque cuando estamos solos en casa y frente al espejo, no nos sentimos ni tan firmes ni tan seguros.

Abdicar antes de soñar, antes de imaginar, destruye nuestra tribu. Y es entonces cuando nos alejamos de la esencia humana y de todo lo que nos ha llevado a estar donde estamos. En ese momento notamos que poco o nada tiene sentido, y sólo somos capaces de sobrevivir siguiendo las corrientes que nos pasan por delante, o las modas que disfrazan el vacío que se ha instalado sin permiso en algún lugar tan profundo que no osamos aventurarnos a entrar. Pero las prisas, las modas y las corrientes nos tranquilizan porque al menos nos sentimos como los demás y que formamos parte de alguna cosa, aunque ésta sea estúpida hasta para nosotros.

Nos dejamos llevar, y con cada paso nos alejamos de lo único que tenemos: nosotros mismos, lo que somos, lo que queremos y lo que realmente necesitamos. Y así, de manera inconsciente, poco a poco y casi sin enterarnos **perdemos inevitablemente el coraje de existir.**

5

¿Cómo entender el miedo?

HIJO, EL MIEDO, CUANDO LO CONQUISTAS, TE DEJA EN PAZ

En dos de mis libros —*Entrénalo para la vida* y *Emocuaderno. Educación emocional en casa*—[7] hablo de los miedos extensamente. Pero dejadme añadir en este capítulo lo que suelo explicar a los niños para que les sea más fácil entender qué es el miedo y cómo pueden ser ellos los que lo gestionen de manera inteligente.

Como he explicado en el caso de los deportistas en el autocar, siempre les digo a mis alumnos que el miedo **es falta de información** (bien porque no tienen ninguna, bien porque tienen sólo una parte). Recuerdo a aquella niña que me dijo que le daban miedo los caballos porque su madre le había dicho que eran peligrosos. Y sí, es cierto, los caballos pueden serlo, pero le faltaba una parte de la información, y es que también son nobles, dulces y cariñosos.

El miedo es además **contagioso**; es decir, si en una familia hay miedo, los niños lo sentirán, de la misma manera que si vas a trabajar a una empresa donde impera un clima de temor, en pocos meses tú también lo sentirás y será él quien tome muchas decisiones en tu día a día. Por último, debemos entender que el miedo es una emoción primaria; la sentimos todos los humanos pues tiene la importante misión de apartarnos del peligro, motivo por el cual una de sus consecuencias es que **nos paraliza**. Todo ese conjunto de acciones no ayuda nada a que en esos momentos podamos actuar con nuestra inteligencia racional (digamos que es el instinto el que actúa).

Gracias al miedo hemos sobrevivido como especie; de hecho, y como manifiesta José Antonio Marina, «no existe una especie con tantos miedos como la nuestra, es el tributo que hemos de pagar por nuestra inteligencia privilegiada». Se refiere a nuestra gran capacidad de anticipación y hacer **la peor interpretación posible**; ya sabéis, nuestro famoso y permanente **«y si...»**

No me gusta decirles a los niños que el miedo es malo (¡al fin y al cabo, nos ha ayudado a sobrevivir!), así que siempre les explico que sólo es desagradable. Malo sería cuando el señor Miedo hace contigo lo que quiere, porque es entonces cuando se convierte en destructivo y peligroso. Como algunas otras emociones, el miedo es potente y muy pero que muy listo. De hecho, a este señor Miedo le encanta tomar las decisiones por nosotros; es como Pepito Grillo, siempre en la cabeza diciéndonos «ojo, cuidado», «no te fíes», «no podrás», «es demasiado peligroso». Lo hace porque una de sus misiones es precisamente la de que **hagamos la peor interpretación posible** con la finalidad de protegernos (los típicos «¿y si te has dejado encendido el gas de la cocina?», «¿y si alguien se mete con la niña?»...).

El miedo se toma muy en serio su responsabilidad de apartarnos del peligro, aunque éste sea imaginario, no real (de hecho, dicen que **el 93 % de los miedos que sentimos no sucederán nunca**). Si observáis con atención a vuestros hijos e hijas, veréis que el temor tiene una inmensa capacidad para convencerlos de **«no hacer algo por si acaso»**. Quién no ha pensado alguna vez: «Ese examen es tan difícil que ni me pongo a estudiar; total, suspenderé igualmente». El miedo a no poder paraliza, y con una fuerza brutal y una voluntad constante (mucho más potente que la valentía) se hace con el mando y decide una actitud y un comportamiento: no estudiar. Hacer consciente lo que el miedo te dice, darte cuenta, es la clave para ser uno mismo quien conquiste al miedo y tome las decisiones. Un buen truco que os puede ayudar en este sentido es preguntar a vuestros hijos: **«¿Quién está tomando esta decisión, tu miedo o tú?»**.

Actualmente estamos en el punto, sobre todo en muchos niños y familias, de que **el miedo nos da miedo**, y una de las razones es precisamente no saber qué es el temor ni entender sus mecanismos de funcionamiento. Como os decía, el miedo es muy experto en su trabajo y hace lo que mejor se le da, paralizarnos. Si de pequeños alguien nos hubiera enseñado qué son las emociones, para qué nos sirven y cómo podemos ser nosotros los que las dominemos y no ellas a nosotros, lógicamente todo habría sido muy diferente, pero de momento eso no está sucediendo, o no está pasando tanto como al menos a mí me gustaría. Mi lucha es que no se repita en los niños lo que no nos enseñaron a nosotros. Y es tan fácil cambiarlo, es tan sencillo enseñar a los pequeños lo que escribo, y llevarlo a la práctica, que no os podéis imaginar cuánta impotencia siento al ver decenas de situaciones que se podrían haber evitado.

En todo caso, aquí estamos, y lo primero que deberíamos tener claro es que si el miedo es falta de información, el primer paso que os invito a dar es el de obtener esta información para empezar a darnos cuenta del poder que está teniendo el miedo sobre nosotros. ¿Cómo? Sólo tenéis que coger un papel y escribir todos los temores que sentís en relación con la educación de vuestros hijos y de vuestro rol de padres o madres; desde el miedo a no ser una madre perfecta, o un padre admirado, a que tu hijo no tenga amigos, o que suspenda, incluso el temor a que sea un «porreta» de mayor. ¡Vosotros apuntadlo todo!

El segundo paso sería tener claro que no podréis enseñar a superar un miedo si antes no lo sabéis hacer vosotros. Para enseñar a dividir, ¿verdad que primero uno debe saber dividir? Pues con el miedo pasa exactamente lo mismo (¡y con todo lo que hay en este libro!). En ese papel tenéis escritos vuestros temores; hablad de ellos en familia, ponedlos sobre la mesa y afrontarlos uno a uno, empezando por los fáciles (¿me da miedo que mi niño vaya a los campamentos del colegio? Soy valiente y lo apunto). Lo fabuloso de este ejercicio es que con un solo movimiento podéis conseguir dos premios: que ni vosotros ni vuestros hijos seáis prisioneros de vuestros temores. ☺

Y sí, amigos y amigas, el miedo da miedo, pero mucho menos **cuando lo entiendes y lo conoces. Y si lo conquistas, él te deja en paz.**

Frecuentemente hay padres y madres que me dicen preocupados: «¿Y si le afecta?», «¿Y si se traumatiza?». A ver, un miedo afecta, pues claro, a quién no le afecta temer a alguna cosa, pero... ¿y qué? ¿Acaso no afecta más tener un miedo que no controlas hasta el punto de tener que estar siempre atenta por si has de cruzar la calle porque pasa un perro? **¡Traumatiza no sentirte capaz de superar un miedo, no el miedo en sí!** El temor es natural en los humanos y en el resto de los mamíferos del planeta Tierra. Lo básico es que el temor no te dé miedo a ti, que eres el padre o la madre. Y recuerda que sólo hay una manera de superarlo, y es afrontándolo, también los que tienes con respecto a tu hijo o hija, que a la vez son los más fuertes y potentes que tenemos los que somos padres y madres, pues todo lo que pueda poner en peligro a nuestros retoños nos aterra.

Pero estad tranquilos, porque afrontar los miedos es posible; de hecho, lo hacen la tira de padres, madres, niñas y niños cada día, y nadie se traumatiza, **¡únicamente se sienten liberados!** Dos consejos fáciles, si me permitís, que os pueden servir a vosotros y a vuestros pequeños. Primero, **dadles la información**: si tienen miedo a los perros, por ejemplo, id a visitar alguna protectora de animales donde pueda ver cachorros, primero desde fuera, después entrando, seguidamente tocándolos y que el experto explique todo lo que pueda, pero siempre poco a poco y al ritmo del crío (no al que vosotros creéis que es el correcto, dejaos guiar por vuestro pequeño y su lenguaje gestual). Confiad porque pueden, siempre pueden y siempre podréis si os lo creéis y realmente queréis. Y cuando eso ocurra, os sentiréis todos superorgullosos y valientes, sus miradas y las vuestras son brutales, ¡de verdad!

Sólo una cosita más: poned mucha atención en que vuestro miedo no sea el que impida que vuestros hijos o hijas lo consigan. Y cuando lo hagan, decidles: «Lo que sientes ahora mismo es la valentía y la has sacado para superar el miedo que sentías, ¡felicidades, valiente!».

La segunda propuesta es **concretar el miedo para hacerlo más pequeño**, porque cuanto más pequeño sea, más fácil resultará afrontarlo. Por ejemplo, cuando una niña te dice: «Me da miedo ir de campamentos con el cole», pregúntale: «¿Qué es concretamente lo que te da miedo de ir de campamentos?», y si te contesta: «Dormir fuera de casa», dile: «¡Ah! Entonces no te da miedo ir de campamentos, lo que te da miedo es dormir fuera de casa». Con esto acabas de hacer más pequeño su miedo, de tres días enteros de campamentos a sólo dos noches. Y si sigues concretando: «¿Y qué te da miedo de dormir fuera de casa?», tal vez te responda: «Añorarme por la noche», con lo cual su miedo sólo lo sentirá el rato que tarde en dormirse. Hemos pasado de tres largos días a dos momentos puntuales antes de acostarse. Ahora intenta darle la información que le falta: ¿qué se siente al dormir fuera de casa? Prueba primero en casa de los abuelos y luego en la de unos amigos. Para acabar, háblale de su miedo al profesor o profesora porque seguro que juntos encontraréis una estrategia que lo convencerá y lo tranquilizará, como llevarse su osito de peluche preferido o que éstos le expliquen un cuento de buenas noches, con la luz apagada de la habitación de los campamentos para generar calma mientras están todos en su saco de dormir, agotados del intenso día mientras escuchan la voz tranquilizadora y en susurros de sus profesores.

Es interesante también poder distinguir entre los miedos funcionales, es decir, los buenos, porque son los que nos protegen (tienen que ver con evitar la temeridad: beber alcohol sin control, conducir a velocidades excesivas, saltar desde grandes alturas...), de los miedos disfuncionales, es decir, temores a aspectos de la vida cotidiana que nos debilitan o incluso nos destruyen (miedo a la oscuridad, a comer fuera de casa, a no tener amigos, a equivocarse; miedo a tener miedo, a ser una mala madre, miedo a no ser querido...).

En una ocasión vino a verme una madre muy asustadiza, de aquellas que sienten preocupación por todo. Y cuando digo todo, me refiero ¡a todo! Me llegó a preguntar si el aire de La Granja sería suficientemente sano para su hija de 8 años (¡y estamos en el Parque Natural del Montseny!). No sé si os podéis imaginar su enorme parálisis, sus dudas constantes, su profundo sufrimiento, su visible angustia. Me pedía consejo y yo no sabía ni por dónde empezar. ¿Cómo explicarle todo lo que veía en pocos minutos? Así que le di sólo un consejo, lo primero que yo haría si su niñita fuera mi hija: **«Si, como madre, tienes muchos miedos, entrena mucho a tu niña en la valentía, porque la necesitará»**. Ella se quedó en silencio, y no sé si le sirvió o no, pero lo que sí os puedo decir es que antes de irse se compró todos los cuentos y libros que he escrito y que estaban expuestos en la vitrina de la oficina.

El miedo, como ya he explicado, es contagioso, y si no lo controlamos, también es invasivo, es decir, cada día se hace un poquito más grande dentro de nosotros y, por lo tanto, cada día nos paraliza un poco más y más para tenernos en su poder (ya os he contado que al miedo le encanta el protagonismo, ¿verdad?). Y, ¡ojo!, porque puede acabar convirtiéndose en una patología si llegamos a la angustia, el pánico o la fobia, que es cuando nos destruye. Entrenemos a nuestros hijos y entrenémonos nosotros **en la valentía y el atrevimiento**, porque por cómo han aumentado en intensidad los temores en la mayoría de los niños que veo (y superan los dieciocho mil cada año), se está convirtiendo en una especie de pandemia, y si seguimos así, **los futuros líderes y triunfadores del mundo serán los pocos jóvenes valerosos, atrevidos y fuertes que queden**, porque para el resto será una utopía ya que no tendrán las competencias para llegar a serlo.

Recuerdo que oí la conversación de dos niños de 8 años. Uno de ellos, Sergio, le insistía convencido a un compañero que tenía miedo de subir al rocódromo: **«Sube, sube, que el miedo te deja en paz cuando lo haces»**. Y lo persuadió porque el niño se atrevió a subir, aunque confieso que yo también me habría dejado convencer porque cuando alguien como Sergio está tan seguro de una cosa es porque antes eso también le ha pasado a él, y es la garantía que todos necesitamos para atrevernos a actuar. Una muestra más de que ser valiente está en nuestra esencia, y todo es cuestión de aprovechar las oportunidades para entrenarla.

Decía Gandhi que **«el miedo manda»**. Pues sí, es cierto, pero al menos que eso no te pase a ti ni a los tuyos. En tu hogar, tener al señor Miedo bajo control puede convertirse en un divertido juego si entre todos acordáis avisaros cuando este señor tan desconsiderado decida aparecer sin permiso y quiera decidir por cualquiera de vosotros. **¡A ver si entre todos sois más listos que él! ¿Os atrevéis a intentarlo?**

¡Ah! Y recordad que vosotros sois mucho más grandes que vuestros miedos. ☺

6

La importancia de la autoestima

HIJO, SEAS QUIEN SEAS Y COMO SEAS, SIEMPRE TE QUERRÉ

¡Qué importante es la autoestima! Y, al mismo tiempo, cuán débil, maleable e inconstante es. Siempre que tengo un niño con alguna dificultad veo detrás cómo la autoestima ya está haciendo de las suyas.

La autoestima es la base de la felicidad y el éxito porque es sobre ella donde construyes todo tu ser, lo que piensas, haces y consigues. Pero, para empezar, tal vez deba explicar primero qué es la autoestima y para qué nos sirve, ya que, como el resto de las competencias emocionales, tiene una misión positiva y útil para nosotros. Todas las emociones existen por un motivo, por eso es tan importante que desde pequeñitos sepamos cuáles son los recursos que la naturaleza nos ha regalado para que los aprovechemos y utilicemos con inteligencia, e incluso con una buena estrategia, ya que, en definitiva, ellas nos dan poder, un enorme poder.

La autoestima es la valoración y opinión profunda y sincera que tú tienes de ti mismo. Está muy relacionada con la cantidad de pensamientos positivos y negativos que hay en ti: si dominan los positivos, tienes una alta o sana autoestima; si dominan los negativos, tu autoestima es baja.

Es a partir de los 5 años cuando nos empezamos a hacer una idea del concepto que los demás (padres, abuelos, hermanos, compañeros de la escuela, profesores, etc.) tienen de nosotros, y con esta base tú te vas creando lo que se denomina el «autoconcepto» (el concepto que tienes de ti mismo), que está muy ligado a la autoestima y que lógicamente afecta a la opinión que tú te creas de ti mismo.

Hay muchas personas que, de manera inconsciente, **no se dan permiso para quererse** o, dicho de otro modo, que no se sienten merecedoras de que las quieran. Uno de los orígenes de esto puede encontrarse en la primera infancia, cuando, por ejemplo, los padres han utilizado, sin mala intención, este tipo de argumento: «Mamá te querrá mucho si no sientes celos de tu hermano / si te portas bien / si me haces caso». Es entonces cuando el hijo o la hija puede pensar: «Vale, pero si tengo celos de mi hermano, ¿qué hago?, ¿disimulo?». Y entonces: «¿A quién querrá mamá?, ¿a mí o al que disimulo que soy para que mamá me quiera?». Y aquí empieza la historia de no sentirte merecedor de que te quieran, como explica muchas veces en sus conferencias la amiga y pedagoga Eva Bach Cobacho. Empieza el juego de ser dos niños o dos niñas en uno: el de verdad, que disimula (y no se da permiso para quererse), y el otro, el personaje que se crea, que es cuando hace caso, no tiene celos y es merecedor de ser querido.

Una forma de resolver este engaño es intentar separar el *ser* del *comportamiento*, por ejemplo, en la manera de comunicarte con tu hijo o hija: «Me encantaría que no sintieras celos de tu hermanito, pero si los sientes, yo te querré igual», o con mensajes más contundentes cuando haga falta, como, por ejemplo: «Seas como seas, yo siempre te querré, pero no te permito que grites en la mesa. Si necesitas airearte, sal a la terraza y cuando te tranquilices, comes con nosotros» o «Enfadado o no, yo te quiero igual, pero he de decirte que tu comportamiento ha sido muy poco respetuoso con tu compañera de clase».

No nos dé miedo poner límites en nombre de nuestro temor a traumatizar a un niño, pero hagámoslo separando quién es él o ella de su comportamiento, y teniendo claro que nuestro hijo o hija puede sentir celos de su hermano, pero no se le permite tratarlo mal. **Cuanto más claras estén las cosas desde pequeños, de verdad que menos dificultades tendrán cuando sean adolescentes.**

Una autoestima baja nos hace débiles porque nos provoca tristeza, desmotivación, desconfianza, inseguridad y miedos. Una autoestima demasiado alta, es decir, creerte el rey del mambo, provoca narcisismo, falta de empatía y humildad, ya que ocasiona que dejemos de aprender; vemos tanto lo positivo que tenemos, que nos olvidamos de nuestros puntos débiles y de nuestras áreas de mejora, presentes en todos nosotros.

La sana autoestima es cuando una persona siempre sitúa delante sus aspectos positivos para que le den fuerza, y lo que no le gusta o considera negativo lo lleva a su lado, para no perderlos de vista y seguir así aprendiendo y mejorando con objeto de avanzar en su crecimiento.

Como he mencionado al principio, la autoestima baja y sube, no siempre es estable porque todo o casi todo nos afecta. Es como si tuviéramos un termómetro que marca nuestro estado del uno al diez. Hay días que sin motivo aparente te levantas con un cinco justito y otros en que tienes clarísimo que la discusión con tu pareja ha tenido un efecto catastrófico en ella. En cambio, hay otros días que sales de casa con un nueve porque sí, como si las estrellas se hubieran alineado a tu favor, y consigues que incluso la ropa te siente mejor.

Pero no: detrás de ese nueve o de ese cinco hay alguna cosa, y un truco infalible para descubrirla es estar atentos, notar qué consigue en concreto que nos baje o nos suba la autoestima. **¡Ésta es la clave que nos dará poder!** Ser consciente de qué te afecta, quién, cuánto y cómo para ser tú quien domine la historia de aquella circunstancia, ese cuento que te narras sobre lo que ha pasado. Ya sabéis, aquello de que **lo importante no es lo que te pasa, sino cómo te lo tomas**.

Sería interesante, pues, poder ser conscientes de cómo tenemos la autoestima cada día, sabiendo que no hace falta estar siempre en un nueve, pero que si hay demasiados cuatro y cinco en una semana, tal vez debamos hacer algo, ¿no?

Creo que os puede ayudar un juego muy sencillo. Se trata de que cada mañana, antes de salir de casa, padres e hijos apuntéis en una hoja colgada en la nevera con qué número de autoestima salís por la puerta y, al volver cada tarde, repitáis la operación. Es muy interesante ver los resultados: ¿qué hace que cada tarde tu hijo regrese de la escuela con menos autoestima?, ¿o con más?, ¿o qué está pasando en casa si habitualmente vuelve mejor de cómo se fue por la mañana?, ¿y qué hay de ti?, ¿qué te pasa en el trabajo?, ¿vuelves mejor o peor? Esta dinámica, que también se puede practicar en la escuela, tal vez os ayude a ser conscientes, a padres, hijos y alumnos, de lo que sentís, y sería una buena herramienta preventiva para anticiparos y daros cuenta enseguida de que algo está pasando y así poder tener la opción de poner remedio antes de que empeore.

La autoestima tiene una importante función en nosotros, una gran misión: **que creamos en nosotros mismos, que creamos que nosotros podemos**. Valiosa, ¿verdad? Merece la pena que le dediquemos algunos minutos cada día, ¿no os parece? Y no acaba aquí, porque ella también **nos ayuda a protegernos**, ya que la sana autoestima consigue que tengamos más confianza, más seguridad y valentía para luchar por aquello que creemos y queremos. La autoestima está detrás de cuando te levantas tras haberte caído, facilita que tengas más paciencia y también más generosidad hacia ti mismo y hacia los demás. Está demostrado que las personas con una sana autoestima obtienen mejores resultados académicos, más éxitos deportivos y profesionales, son más creativas y afrontan y superan con más holgura las dificultades. Y al ser más generosas, también tienen relaciones más saludables y estables, y se sienten más felices.

Si queremos entrenar a nuestros hijos en una sana autoestima, el primer paso, como ya he mencionado, sería intentar hablar con ellos separando quiénes son de su comportamiento y evitar generalizar: olvidémonos de los «eres malo», «eres desordenado» o «eres un desastre» y cambiémoslos por «tu comportamiento hoy ha sido malo», «esta mañana tu habitación ha quedado desordenada» o «tus notas han sido bastantes negativas este trimestre, ¿verdad?».

Un segundo paso sería dar **refuerzo positivo**, es decir, remarcar todo aquello que nuestro hijo o hija hace o se le da bien (lo que no significa hacerle la pelota ni decirle que todo cuanto hace está bien, porque entonces sería engañarlo o sobreprotegerlo). Además del «tienes talento para dibujar, para jugar al fútbol o para los problemas de matemáticas», también sería interesante poner mucha atención en otros aspectos, como las competencias emocionales (habilidades sociales y personales), porque son las que más les ayudarán a tener éxito en la vida, aunque no se estudien ni se hagan exámenes sobre ellas.

Es más fácil de lo que parece. Sólo hay que observarlos atentamente para descubrir sus fortalezas; por ejemplo: «En el conflicto del parque, ¿te has dado cuenta de que eres un buen mediador y cohesionador de grupo?», o «Eres muy generoso y amable con tus amigos, y éstas son habilidades básicas para ser feliz. Sigue entrenándolas, hijo», o «Tienes mucha capacidad para trabajar en equipo, estos días haciendo el trabajo de clase en grupo he visto tu capacidad de liderar y dejar que te lideren, y de cómo buscas siempre aprovechar las destrezas de cada uno en beneficio del grupo cuando, por ejemplo, Berta era la que dibujaba y Manuel el que escribía porque tenía la mejor letra».

Y, para acabar, el tercer paso sería tener en cuenta que el autoconocimiento está íntimamente relacionado con la sana autoestima. Por lo tanto, si vosotros provocáis situaciones o hacéis actividades en familia que os permitan conocer mejor a vuestros hijos o hijas, ellos también se conocerán más y les allanaréis el camino que lleva a conseguir la base del éxito, que no es otra que una sana autoestima.

Dejadme que os cuente la historia de Carla, una pequeña de 7 años que vino para hacer unos campamentos emocionales con su escuela. Era una niña dulce, tímida y atenta, de esas que tratan de pasar desapercibidas a la vez que cuidan y sonríen amablemente a todos, con esa especie de temor en el cuerpo a que alguien se pueda enfadar con ellas. Creo que fue durante el paseo nocturno por el bosque cuando se dio cuenta de algo. La intimidad que provoca la oscuridad, ir todos muy juntos por el miedo que algunos sentían y que manifestaban abiertamente y sin pudor fue el detonante de su reflexión. La cuestión es que, al día siguiente, cuando le preguntamos: «Carla, ¿qué has aprendido en estos campamentos?», ella contestó: **«Saber que los otros me quieren hace que me quiera»**. ¡Pues sí, Carla, la cosa funciona así! Y además, cuando empiezas a amarte a ti misma, de repente te das cuenta **de que el mundo siempre te amó, ¡sólo que no lo habías percibido!**

Con frecuencia observo que los niños y niñas tienen mucha más facilidad que los adultos para darse cuenta de lo que está pasando, y también de lo que sienten. Por este motivo es tan importante entrenarnos cuando somos pequeños o pequeñas, para aprovecharlo. Si queremos que nuestros hijos e hijas sean personas emocionalmente inteligentes, un simple paseo con linternas por la noche, en el bosque o en la playa, os ayudará a que **la familia sea aquel lugar donde todos los niños y niñas del mundo, como Carla, sientan que se les quiere sin condiciones.**[8]

7

La firmeza de los padres

¿SABES?, NO TE PERMITO QUE ME HABLES ASÍ

¡Ay!, la firmeza de los padres y madres, ¡cómo está mermando! Y qué pena, porque ayuda tanto a los chavales en su robustez. Escribí sobre el tema en el *Emocuaderno. Educación emocional en casa*, y expongo aquí parte de la explicación por su importancia y porque las situaciones que os plantearé en este capítulo son cada vez más habituales en los centros educativos.

La palabra «firmeza» significa «cualidad de seguridad y estabilidad». En latín, *firmus* quiere decir «fuerte, bien asentado, resistente, sólido». Éste también es el origen la palabra «firma», que significa «dar fuerza o validez a alguna cosa». Curiosamente, *infirmus* quiere decir «débil y enfermo».

En resumen, la no firmeza provoca debilidad, y esto sí que lo veo, como os decía, cada día más en los miles de niños y jóvenes que pasan por la granja-escuela donde trabajo.

Justo en el mismo instante en que nace una criatura deberíamos tener claro que nuestros hijos e hijas **son como un cuadro, una obra de arte que lleva inequívocamente nuestra firma debajo**. Son, en la mayoría de los casos, lo que nosotros hacemos de ellos y de ellas, consciente o inconscientemente. Y si hay firmeza en los padres y madres, acostumbra a haberla en los hijos e hijas; **por desgracia, eso es lo que veo disminuir cada vez más: padres y madres sólidos, bien asentados**, seguros y con las cosas claras que aporten validez y fuerza a los hijos y, en consecuencia, estabilidad y equilibrio. Pero el miedo a no ser «una madre perfecta» o a «no dar la talla como padre» o el temor a equivocarnos dificultan lógicamente esa seguridad, esa firmeza de la que os hablo. ¡Es tan tan importante entender que **has de ser tú quien controle tus miedos para que no sean ellos los que acaben educando a tus hijos!**

Os contaré una historia que se repite una y otra vez, y con más frecuencia cada día que pasa. Empieza así: cuanta más blandura veo en los padres y madres —ya sabéis, el típico buenazo o buenaza que le da o le hace casi todo a su retoño para que siempre esté bien (si no, posiblemente se sentiría culpable y responsable de su malestar)—, más firmeza mal entendida observo en los hijos; me refiero a niños y niñas que se creen los dueños, chavales exultantes de poder que se sienten fantásticamente bien, lo cual da tranquilidad y felicidad a sus padres porque les hace creer que su tesoro está perfecto y es lo que toca en ese cuadro de familia perfecta que nos hemos montado en la cabeza. Y, además, su retoño es fuerte y valiente, aunque en eso no van desencaminados, pues estos pequeños se sienten perfectos, como mínimo superficialmente, y son fuertes y valientes, al menos ante sus padres porque saben muy bien cómo manipularlos, es decir, cómo conseguir, antes o después, todo lo que quieren (un móvil, un juguete o ir de vacaciones a un lugar concreto porque van sus amiguitos).

Son chavales acostumbrados, como os decía, a conseguir cuanto quieren, incluso que sean los padres y las madres los que vayan a discutir la nota de un examen con su profesor de primaria. Niños y niñas habituados a que, cuando se quejan, se les atienda enseguida porque sus progenitores se han acostumbrado tanto a verlos fuertes y supuestamente felices, **que lo contrario se les hace, literalmente, insoportable**. En resumen, son padres y madres que hacen lo que sea porque no toleran ver llorar o sufrir a sus criaturas.

Y en esta historia que os cuento todo va funcionando, pasan las horas, los días, los meses y los años y nadie vislumbra que se están acercando unos nubarrones que posiblemente desatarán una tormenta para la cual sus hijos e hijas no están fabricando un paraguas para protegerse. Os estoy hablando de cuando llega la adolescencia, momento en que, como sabréis, se agudizan los comportamientos, aumentan las exigencias y la explosión de las emociones es un estado casi permanente en muchos jovencitos y jovencitas. Y es entonces cuando empieza la temida ESO, esos institutos que deben espabilar un poco a los alumnos con profesores más exigentes y menos protectores, y donde se atienden menos las quejas de los chavales y también las de sus padres y madres. Es en ese período cuando los nubarrones chocan entre sí y aparecen los primeros relámpagos, esos que desatan la frustración (por suspender, porque no consigues lo que quieres, porque eres el más bajo o porque eres demasiado alto), y muchos adolescentes desconcertados casi no tienen ningún recurso para tolerar la frustración, principalmente porque nunca se les ha entrenado (ese paraguas que los debía proteger de la lluvia no existe, están empapados, titiritando y se sienten desarmados).

La consecuencia cuando alguien no tolera la frustración es la rabia o el abandono; montan un drama si a los padres y madres les afectan las lágrimas, o una explosión de ira si tienen claro que con ella los progenitores cederán, o justifican el abandono del estudio de una materia porque el profesor de turno «les tiene manía» (vamos, que es firme) y saben que a éste ni las lágrimas, ni la rabia ni la queja le harán cambiar de opinión.

Esta historia que os cuento habla de chicos y chicas que dominan a la perfección el territorio de las excusas, que llevan años labrando, e incluso llegan a convertirlas en todo un arte (francamente, me fascina cuán creativos e innovadores pueden llegar a ser con tal de conseguir lo que quieren). Total, que acaban construyendo argumentos creíbles (e increíbles) que los padres y madres no ponen en duda y consiguen así su apoyo incondicional y firme, bajo el habitual autoengaño de la gran injusticia que se ha cometido con ellos, pero obvian la injusticia que la otra parte, por lo general un maestro o un compañero o compañera de clase, ha padecido o aún está padeciendo. Y llegado este punto suele pasar que un buen día el instituto o el centro educativo en cuestión le para los pies a ese muchacho o muchacha, se levantan las cartas y saltan las chispas que fácilmente ocasionan el fuego. El incendio aparece cuando los padres te llegan desesperados y te dicen que no reconocen a sus chicos, que no entienden cómo han llegado a este punto y no saben cómo manejar la situación: **la de que no son capaces de dominarlos**.

Curiosamente, muchos echan la culpa de todo a la etapa de la adolescencia, que, por lo que parece, ha tenido el poder de transformar a su criatura, siempre feliz, en un o una joven malcarada e incluso tirana.

Debo aclararos que ciertamente la adolescencia es una época de cambios y, por consiguiente, de inseguridades, pero es peligroso creer que las hormonas son las responsables de todo, porque entonces los padres y madres dejamos de actuar o de aumentar los límites (con el «pobrecito, es que no lo puede evitar»), o no nos atrevemos a dejarles las cosas claras de una vez, o no aprovechamos la oportunidad para **darnos cuenta de qué les ha faltado en su educación para, simplemente, empezar a hacerlo.** Aunque os parezca tarde, nunca lo es para educar a un hijo o una hija, de verdad; nunca tiréis la toalla, ellos y ellas se merecen que luchemos hasta el final y, si puede ser, **con un poco más de acierto.**

Cuando se vive este tipo de situaciones (seguramente os vendrá a la mente más de un caso cercano), los chavales se sienten muy inseguros ya que para muchos es la primera vez que han sentido frustración, y no les gusta, y les da miedo porque no saben cómo deben reaccionar (no tienen la información de lo que pasa después). Se sienten como atrapados en un callejón sin salida al no haber sido entrenados para buscar alternativas ni para adaptarse a las circunstancias, o para tener la fortaleza de buscar una salida distinta. **No son flexibles ni se adaptan porque, básicamente, no tienen ni idea de cómo se hace.** Y para sentirse seguros (una necesidad básica que todos tenemos) hacen lo mismo de siempre: pedir y que se les dé, o construir excusas para seguir teniendo razón, o pedir una prenda de ropa o el último modelo de móvil que saben por experiencia que conseguirá que se sientan mejor. Y cuando llegamos a este punto en el **que para sentirse bien necesitan alguna cosa de fuera que los alivie,** y los padres no nos damos cuenta y seguimos cediendo, mostrando una actitud débil, por ejemplo, al darles la razón o comprándoles lo que piden en un claro signo de premio («te lo mereces por haberlo pasado tan mal, pobrecito»), **empieza un problema de verdad porque los chicos y chicas descubren hasta qué punto llega su poder.** Y los padres y madres hemos desaprovechado, una vez más, una oportunidad de oro para ponerles unos límites firmes y **que estos jóvenes necesi-**

tan desesperadamente para sentirse seguros. Y como de pequeños nadie nos enseñó que los límites dan seguridad y confianza a los humanos, ni tan siquiera nos percatamos de que estamos haciendo exactamente lo contrario de lo que precisan.

Las demandas de los jóvenes, como sabéis, suben de precio casi a la misma velocidad que ellos aumentan de estatura, y algunos padres y madres temen la reacción de sus vástagos ante un «no» al que los tienen poco acostumbrados. Hay familias que no se pueden permitir según qué compras, pero para evitar un comportamiento disruptivo, o incluso agresivo, ahorran de sus gastos para darle al chico o a la chica lo que quiere, porque **el niño es siempre la prioridad, y él lo sabe y se aprovecha**.

Todos los hijos saben, además, que sus padres necesitan cierta paz en casa, y a veces nos hacen pagar un precio por esa supuesta tranquilidad, un coste que siempre se volverá en nuestra contra: **dejarnos manipular, ése es el precio** (me porto bien y te quiero si me compras lo que te pido o me das la razón en aquello otro).

Estos chicos y chicas, cuando los veo, tienen una piel tan fina que se convierten en personas **susceptibles**; resulta que casi todo les afecta o les molesta porque se han convertido en gente desconfiada, y lo que es peor, con una autoestima bajísima que demasiadas veces disimulan haciéndose los fuertes. A veces tengo la sensación de que es como si sintieran que han crecido en una especie de gran mentira, donde ellos no son ellos mismos porque se desconocen completamente y no se les ha permitido poner a prueba su fortaleza ni su valentía (la de creer que pueden soportar un simple «no», por ejemplo). Y como sus creencias sobre cómo era supuestamente el mundo tienen poco que ver con la realidad (el mundo no les dice que sí a todo, ni los consiente, ni se deja engañar, ni siente que padezcan), entonces se enfadan tremendamente y lo encuentran todo muy injusto. La realidad es que el mundo está lleno de dificultades, por mucho que los padres los hayamos querido proteger entre mil algodones, un trabajo que, por cierto, es agotador y francamente poco práctico... dado que es imposible resguardarlos de todo.

Lo que explica esta historia es que los convertimos en muchachos y muchachas permanentemente desconfiados, que se sienten engañados, que se quejan todo el día, que consideran el mundo (y la gente que vive en él, padres y hermanos incluidos) **un enemigo a combatir**. Y empieza la lucha desafiante en una batalla titánica y sin sentido que los agota emocionalmente (a ellos, a sus padres y al resto de la gente a su alrededor, porque a todos nos afecta, ya que, queramos o no, somos una tribu y estamos en el mismo saco).

Educar es una responsabilidad social porque algún día nuestros hijos deberán salir al mundo, y tendrán que estar preparados para vivir en él, y si además pueden aportar algo bueno para mejorarlo un poquito, nuestra misión como padres y madres, evolutivamente hablando, ¡habrá sido un éxito!

Curiosamente, en muchos casos también veo que algunos sienten como una especie de rabia visceral hacia uno de sus progenitores. Con frecuencia se da contra aquel que, por algún motivo, los ha sobreprotegido más, aquel que más les ha sacado las castañas del fuego. Cuando los observo, tengo la sensación de que es como una especie de venganza de su inconsciente: **«Tú me has hecho débil y ahora lo pagarás»**.

En resumen, la poca firmeza, consistencia y solidez en la educación produce niños y niñas a los que no se les ha repetido hasta la saciedad la frase mágica para evitar la sobreprotección: **«Con esto te espabilas tú, que puedes»**. Y es mágica porque lo que realmente les estás diciendo es: **«Confío en ti, sé que puedes, ¡actúa, hazlo!»**.

Y si en toda esta historia que os estoy contando hay alguien coherente, sin duda son estos jovencitos y jovencitas. Porque hacen lo mismo de siempre, dar las cosas por hechas y todo por supuesto, en vez de aprender a conseguir lo que desean por sí mismos, sintiendo su esfuerzo, su paciencia y el orgullo al lograrlo. Y la incoherencia es la de los padres y madres, que con toda su buena intención (que sus retoños sean ante todo felices) se han dedicado a ahorrarles cualquier malestar o sufrimiento. Y ahora quienes sufren, y de verdad, son todos, padres, madres, hijas e hijos.

Recordad que **una de las misiones que tenemos los progenitores es conseguir que nuestros hijos sean dignos de sí mismos, convertirlos en sus propios y valerosos protectores**. ¿Os imagináis la fuerza que eso les daría?

No engañemos a los críos, ya que hacerlo significa que creemos que no podrán, que no tenemos ninguna confianza en que lo consigan, y ellos, inconscientemente, se quedarán con el mensaje subliminal, porque son listos y lo captan todo a la primera. No los hagamos frágiles, convirtámoslos en personas fuertes y valientes: «Habla tú de la nota del examen con el profesor, estoy segura de que podrás entender porque te la ha puesto», «Mi amor, la chaqueta te la abrochas tú porque sé que puedes», «Mi bolso es mío y lo llevo yo, la mochila es tuya y la llevas tú. ¿Lo ves?, ¡los dos somos igual de fuertes!»... Ésta es una manera de comunicarnos con los niños que les ayudará a aumentar su autoestima y su autonomía, que reducirá sus miedos y, asimismo, los entrenará para que dispongan de recursos (ese paraguas del que os hablaba) que les permitirán tolerar la frustración de un examen suspendido, tener habilidades para afrontar una discusión con su mejor amiga o manejar un conflicto en clase.

Un ejemplo de estas habilidades es cuando Óscar, un chico

bastante disruptivo de tan sólo 9 años, nos dijo: **«He aprendido a perdonarme a mí mismo»**. Gran capacidad ésta de perdonarse, y que debería formar parte del paraguas de todos los niños y niñas del mundo (¡y también del de sus papás y mamás!).

Recordad, por otra parte, que quien manda en casa es el padre y la madre, tenedlo muy muy claro porque así los pequeños también lo verán clarísimo, y vuestro hogar **no se convertirá en una pesadilla**. Si además sois padres y madres firmes y estáis alineados (entendéis los límites, las normas y la responsabilidad de la misma manera), tenéis muchas probabilidades de que vuestros hijos e hijas suban rectos y sólidos, y con pocas dificultades en la temida adolescencia.

Los padres y madres que saben que no son perfectos, y que no pretenden serlo, que cuando dicen «no» es que es «no» y son resistentes manteniéndolo, incluso con los cientos de recursos que los niños y adolescentes utilizarán para convencerlos (lágrimas y portazos incluidos), están entrenando a los chavales en la firmeza para que puedan entender el camino de la vida, aquel que tiene curvas, subidas y bajadas, y donde el objetivo principal es caminar siempre hacia delante, asumiendo las equivocaciones que a buen seguro irán dejando a su paso, pero que serán bien recibidas por todos (padres y madres, familia, maestros y compañeros de la escuela) porque son naturales e intrínsecas en el ser humano.

Un crío sólido ha tenido unos padres sólidos. Respecto a esto, confieso que no tengo ninguna duda. Recordémoslo cuando nos pongan a prueba. Y permitid que lloren, **porque cada lágrima suya durante su infancia os la evitaréis cuando sea mayor**, momento en que os aseguro son mucho más difíciles de soportar para los padres, y para los que intentamos ayudarles, porque nos desequilibran por dentro de una manera muy dura.

No olvidemos que **los robles más fuertes crecen con el viento en contra**. ¡¡¡Ayudémosles a que lo sean!!! En realidad, comporta menos trabajo para nosotros (que ya va bien, ¿no?) y es más fácil de lo que parece si estamos atentos a las emociones que sentimos por dentro para evitar que el temor nos atrape y sea él el que acabe educando a nuestros pequeños.

Venga, ¿os atrevéis a ser sólidos y firmes?

8

La credibilidad y la coherencia de los padres

Hijo, cuando uno no vive como piensa,
acaba pensando como vive

Qué importante es, como padres y madres, tener credibilidad. ¡Es tan valioso para el equilibrio de nuestros hijos e hijas, y el nuestro! Demasiadas veces me topo con adolescentes que no creen en sus padres y madres, porque a sus ojos, lo que éstos dicen y hacen ha dejado de ser creíble, por lo que los desautorizan completamente y, al mismo tiempo, los progenitores se sienten también descalificados, hasta el punto de que, exhaustos de tanta batalla, dejan de ser el agente educador más vital que tiene cualquier niño o niña. Y cuando esto pasa, es visible en las miradas de los padres y madres, al menos para los que estamos entrenados en *mirar y ver*: qué tristeza, cuántos miedos y desesperanza concentrados puede haber en unos ojos. Mi primera reacción es la de abrazarlos con fuerza; en esos momentos no hacen falta las palabras para entendernos, puedo ver cómo se sienten con absoluta claridad, y cómo cada emoción lucha dentro de ellos en un combate constante, terrible y profundo. Sus palabras son siempre las mismas, cargadas de disculpa pues el sentimiento de culpabilidad, que también es un tipo de temor, los ha paralizado completamente, y no tienen ni herramientas, ni ilusión, ni fuerzas... y ni idea de por dónde empezar a recomponerse de su derrota.

Pero empecemos por el principio, que es ¡¡¡el de entender!!!

«Credibilidad», del latín *credibilis*, significa «tener una cualidad, la de que se puede creer o tener fe en ti». Hay personas (amigos, profesores, profesionales de muchos ámbitos) o incluso instituciones que tienen credibilidad, es decir, que no se duda de ellas. ¿Os habéis preguntado alguna vez por qué creemos en unos y no en otros?

«Coherencia», del latín *cohaerentia*, designa otra cualidad, la de aquello que está conectado, unido internamente. Una persona coherente es aquella cuyos pensamientos, frases y acciones están conectados, unidos, relacionados. Y para que eso pase han de existir unos valores detrás. ¿Os habéis dado cuenta de que nos gusta estar cerca de las personas coherentes? Es porque nos dan seguridad, ya que **puedes prever cuál será su reacción, su comportamiento**, y como tribu necesitamos esta información pues nos es vital para confiar y no tener que estar en constante estado de alerta. La coherencia de los individuos, evolutivamente hablando, también nos ha ayudado a sobrevivir como especie, pues era cohesionadora y nos daba más poder en la lucha contra otras sociedades. Y lo transfiero a hoy en día: trabajar en una empresa coherente, por ejemplo, reduce el temor y ayuda a aumentar la creatividad, el compromiso y el trabajo en equipo de sus empleados, convirtiéndose en más fuerte y competitiva respecto a otras empresas menos coherentes.

Unos padres y madres previsibles consiguen que los niños y niñas reflexionen por sí mismos porque tienen las cosas muy claras: «Sé que mis padres no tolerarán haber contestado mal a la maestra; si habla con ellos, estoy perdido. Tendré que disculparme y controlarme más», o «Mi madre no me dejará salir hasta las doce de la noche, no hace falta ni que se lo pregunte». De alguna forma, esta manera de actuar de los progenitores consigue que los mismos pequeños se anticipen y se autorregulen, decidiendo más por sí mismos, porque conocen claramente los límites y las reacciones de los mayores, ya que éstas no varían demasiado, se sustentan sobre unos valores que no se mueven, son siempre o casi siempre los mismos.

Evidentemente, ser una persona coherente y creíble tiene mucho que ver con un trabajo personal de autoconocimiento, y más hoy en día, en que las obligaciones constantes y las prisas diarias nos convierten en seres vivos tan acelerados, que nos solemos olvidar de todo lo que sentimos por dentro, lo cual, he de decir, desorienta mucho a los hijos e hijas, especialmente en edad adolescente, que es cuando el sentido de justicia está a flor de piel (¿el sábado pasado le dejaste salir hasta las doce de la noche, y hoy no? Prepara un buen argumento que sustente tu decisión... ¡o estás perdido!). Y el «porque yo lo digo y punto» los hará callar ahora, pero no te otorgará ser creíble, una habilidad muy útil para los padres y madres, sobre todo si la cosa se complica.

Nuestra guía de viaje, aquello que nos dice que tomemos este camino y no el otro, son nuestros valores, los que hemos aprendido desde pequeños en casa y en la escuela, así como en el contexto social y cultural en el cual nos hemos movido. Si queremos ser conscientes de cuáles son los valores que nos mueven, aquellos que son importantes para nosotros, hemos de realizar un trabajo de crecimiento personal que nos ayudará a conocer nuestra esencia: ¿quiénes somos?, ¿qué queremos?, ¿qué necesitamos para sentirnos bien por dentro?, ¿qué nos llena realmente?, ¿qué nos hace vibrar?, ¿qué nos da fuerza y seguridad?, ¿qué nos debilita?... Y para aventurarse en este proceso no es preciso hacer terapia ni ir al psicólogo; un soporte profesional tal vez os haga ir más rápido, pero en todo caso no es imprescindible. Lo que sí es del todo necesario es que **queráis saber quiénes sois**. Y el primer paso lo podéis hacer poco a poco; por ejemplo, contestando las preguntas de este párrafo, o estando atentos a aquello que sentís, o leyendo y ampliando vuestros conocimientos con formación, o realizando actividades donde podáis entrenar las habilidades sociales y personales en familia, como las que hacemos en La Granja.

Como podréis imaginar, cuando dos personas se juntan para crear una familia, todo este trabajo se dobla, porque además de saber qué te mueve a ti para ser coherente contigo mismo, has de serlo con tu pareja (o deberías, al menos), en especial cuando llegan los bebés. Lógicamente, facilita el trabajo que la pareja coincida en los valores que son importantes para los dos, ya que son éstos los que juntan y sobre todo los que separan a las personas. Si queréis evitar separaciones y divorcios es interesante que hagáis este ejercicio, tener en cuenta si vuestros valores coinciden, porque os ayudará a evitar que vuestros caminos algún día se puedan separar.

Recuerdo a Roger, un chico de 12 años y deportista de élite, que vino a La Granja a entrenar, junto con su equipo, las habilidades personales y sociales. Al acabar la jornada fue capaz de decir delante de sus compañeros y entrenadores: **«Cuando admites que tienes miedo, es más fácil ser valiente»**. Puede existir la creencia en el mundo del deporte de alto rendimiento que a este nivel no se puede sentir temor, y que todos han de ser valientes, pero no es cierto. Como ya he comentado, el miedo es una emoción primaria; es decir, la sentimos todos los humanos y aumenta con la presión de no fallar, por ejemplo, o con el temor a decepcionar a los padres o entrenadores que creen en ti, transformándose a veces en muy intenso y real, lo que ocasiona incluso que los jugadores empiecen a ser menos efectivos en su juego. Y por mucho que se quiera esconder o disimular, el miedo está ahí, cogiendo las riendas de tu comportamiento, lo que puede verse fácilmente. Recordad que la coherencia es que lo que sientes, dices y haces esté conectado, y Roger, durante la actividad «Liderazgo con el caballo», entendió que cuando te das cuenta y admites lo que sientes (en este caso, el miedo), es más sencillo comportarse como uno quiere (con valentía, por ejemplo), para ser coherente con tus valores (tener coraje a la hora de afrontar los grandes retos, como ser un jugador de alto nivel). Tomar conciencia de todo esto le da más fuerza y seguridad a Roger para perseguir su sueño, y también al equipo, porque la coherencia y la credibilidad que da la honestidad de Roger los harán más fuertes como grupo cuando deban competir, como evolutivamente ya pasaba en el Paleolítico con nuestros antepasados, los *Homo sapiens* de entonces.

Volviendo a la familia, ser una pareja coherente y alineada, es decir, haber llegado a ciertos acuerdos relativos a la educación de los hijos e hijas, a las normas de la casa, a los valores de la familia o a lo que cada uno espera del otro, por ejemplo, y que lo que pensáis, decís y hacéis está conectado y relacionado, es lo que da credibilidad y firmeza a los padres y a las madres. Y lo más importante: si vosotros lo conseguís, vuestros pequeños crecerán rodeados de coherencia y credibilidad, y toda la familia, por lo tanto, se convertirá en más firme, coherente y creíble.

Y recordadles que cuando uno no vive como piensa, acaba pensando como vive, y es entonces cuando todo empieza a perder sentido.

9

Los valores de la familia

Y después de hablar de la firmeza de los padres, de la coherencia y de la credibilidad, ¿os parece que hablemos un poco más de los valores de la familia?

La palabra «valor» viene del latín *valere* y significa «ser fuerte». No querría repetirme, pero lo cierto es que los valores nos dan mucha fortaleza y valentía. Por este motivo es necesario que nuestros hijos e hijas los tengan claros y presentes. Pero antes los padres y madres también tendremos que tenerlos claros, ¿no creéis?

Un buen ejercicio sería escribir en una hoja los diez valores principales de vuestra familia, y por qué lo son para vosotros dos. Surgirán aquí vuestras vivencias y experiencias, que será muy interesante contárselas a vuestros hijos e hijas para que entiendan los valores que defendéis y, de paso, para que os conozcan un poco más, porque ¿vuestros hijos realmente saben cómo sois? Os aseguro que les encanta oír vuestras batallitas, cómo os conocisteis y enamorasteis, qué os pasaba cuando teníais su edad, cómo erais de pequeños, si aprobabais o suspendíais... Demasiadas veces vamos tan de cabeza que ni nos damos cuenta de las pocas cosas que les contamos sobre nuestra vida anterior a que ellos nacieran, y aunque muchos pequeños no puedan creérselo, teníamos una vida antes de ellos, ¿verdad? (Al final del capítulo os pongo una lista de algunos valores, por si os puede ayudar en este ejercicio.)

Los valores, como os iba diciendo, **son nuestras creencias fundamentales**, aquellas que son permanentes y que **nos hacen escoger, apreciar y preferir**. Son algo así como una guía de conducta, aunque frecuentemente se trata de decisiones que tomamos de manera no consciente. Los valores son una fuente de plenitud y de satisfacción para nosotros, aunque, por las circunstancias que sean, no los estemos viviendo con plenitud (por ejemplo, aunque haya una injusticia en el trabajo, seguimos creyendo en la justicia, y aunque estemos tristes, seguimos creyendo en la alegría). La finalidad de los valores es social, ya que nos aseguran la convivencia y un respeto mutuo gracias a los cuales podemos sobrevivir como la especie social que somos.

Los valores nos ayudan a soñar y a formular propósitos, y reflejan nuestros intereses, convicciones y sentimientos. Nuestros valores están íntimamente relacionados con el comportamiento y la actitud que demostramos, aunque, como repito tanto, sea inconscientemente. Por este motivo, leer, formarse, conversar y pensar es importantísimo para hacerlos conscientes y conocerse a uno mismo, y también para entender qué mueve a las personas que nos rodean, hijos e hijas incluidos.

Una persona con valores (recordad que significa «ser fuerte») es coherente. Cuando ves a unos padres con valores y coherentes puedes sentir su seguridad al caminar y cómo ésta se va transmitiendo a los hijos e hijas sin tener siquiera que esforzarse. Estos padres y madres existen, y son muchos más de los que os pensáis, aunque algunos ni se den cuenta (yo los llamo «los padres guais»).

Obviamente, resulta complejo mantener la coherencia cada minuto del día y al cien por cien; somos humanos y es natural, y más hoy en día, con el nivel de superocupación diario en que la mayoría vivimos. Pero tened por cierto que este tipo de personas, cuando te las encuentras, son muy valiosas y por eso se las admira, porque hace falta valor, coraje y fortaleza para ser fiel a tus valores, y, por supuesto, consiguen tener toda la credibilidad del mundo, ¡al menos la mía!

Aitor, con sólo 7 años, vino de excursión con su clase de segundo de primaria, y cuando acabó el Circuito de la Confianza (una actividad de aventura a la que también llamamos «Indiana Jones»), donde tenía que ir con los ojos tapados y guiado por un compañero, nos dijo: **«Confiaba en Yousef porque sabía que no dejaría que me hiciera daño en el Circuito. La confianza es muy importante ya que sirve para querer más, más a tus amigos, más a tu familia y más a quien te cuida».** Como veis, con sólo 7 años ya sabe cuán importante es la confianza para querer más, y también para conseguir llegar al final del Circuito, es decir, alcanzar aquello que deseas que sea tu vida. De los niños y de las niñas se aprende, así que la pregunta sería: **¿os atrevéis a confiar en vosotros y en vuestros valores para educar con coherencia a vuestros pequeños?**

Algunos valores: empatía, respeto, amor, generosidad, valentía, humildad, justicia, alegría, felicidad, confianza, responsabilidad, esfuerzo, determinación, paz, sostenibilidad, libertad, tranquilidad, honestidad, tolerancia, solidaridad, comprensión, sinceridad, compromiso, fidelidad, agradecimiento, honradez, honorabilidad, austeridad, lealtad, fortaleza, autonomía, espiritualidad, civismo, buena educación, capacidad de trabajo, puntualidad, entrega, autenticidad, armonía, disciplina, sacrificio, estabilidad, equilibrio, sentido de familia, sentido de pertinencia, sabiduría, sencillez, ternura, amabilidad, adaptabilidad, vitalidad, constancia...

10

Querer y poner límites

Si os preguntara cuál sería para vosotros la función principal de los padres y madres, la primera de todas, ¿qué diríais? (contestad antes de seguir leyendo). ☺

Para mí, nuestra primerísima función sería la de **dar amor incondicional** a nuestros hijos e hijas, es decir, **quererlos sin condiciones**: «Hijo, seas como seas y quien seas, yo siempre te querré». Da igual lo que hagan, no importa lo que sean, creo que para ellos (como para nosotros, que también somos hijos e hijas) es vital que sientan y tengan claro que el amor de sus padres es ilimitado e incondicional, y se les da desde el mismo momento en que nacen.

Pero hay una segunda función, que va justo detrás de la primera, y que sería la de **ser sus mejores entrenadores posibles**, unos que tienen la importante misión de que algún día aquella pequeña criatura esté preparada para salir al mundo y, una vez esté fuera, pueda caminar segura, estable y fiel a sí misma (es decir, a sus valores). Y, amigos míos, ese día llegará, ese momento en que con 18 o 19 años salga de casa con la llave en la mano y cierre la puerta tras de sí. Y vosotros os quedaréis al otro lado, aguantándoos las lágrimas y haciéndoos los fuertes. Creedme cuando os digo que eso pasará más rápido de lo que os podáis imaginar. Y entonces ya no habrá marcha atrás. Si habéis sido unos buenos entrenadores y habéis tenido claros los dos papeles, los añoraréis pero estaréis relativamente tranquilos. Si no, os moriréis de miedo, vosotros, ¡pero ellos también! Tenedlo presente y aprovechad cada hora de cada día para entrenarlos, y así, cuando llegue el momento en que estén solos al otro lado de la puerta, **no les asuste el mundo, ni sientan que no podrán**. El objetivo sería prepararlos durante todos sus años de infancia de manera intencionada para que hagan todo lo contrario, es decir, que sonrían tras la puerta diciéndose a sí mismos «ahora es mi momento», «estoy preparado», «puedo con ello», «tengo ilusión por comerme el mundo y la fuerza para levantarme cuando caiga», «me siento digno de mí mismo». ¿Os imagináis a vuestro pequeño o pequeña pensando así?, ¿con esa cara de travieso que tiene cuando sabe lo que quiere y va directo hacia su objetivo? ¡Pues ésa sería la idea! ¿Os seduce el reto de conseguirlo?

Pero no nos adelantemos y volvamos al presente, cuando aún quedan años para ese momento, y entendamos algunas cuestiones, como, por ejemplo, que *querer* sin condiciones, el amor ilimitado que os comentaba, no significa decirle sí a todo; de hecho, consiste en todo lo contrario: querer comporta poner límites firmes y decir «no», el **«no, porque te quiero»**. No sé de dónde hemos sacado que amar significa que los niños tengan que estar contentos y alegres cada minuto del día, y que en caso contrario somos unos malos padres. ¿Dónde pone eso? ¿Quién lo ha escrito?

Relajémonos, porque *querer* no es eso; al menos para mí, eso significa, en mayor o menor medida, «sobreproteger». De hecho, creo que querer incondicionalmente es mucho más difícil y profundo, porque significa que el amor hacia él o ella está ahí siempre, aunque no sea el más guapo, ni la más lista, ni el mejor jugando al fútbol. El *amor intenso* existe cuando sigue allí, aunque nos decepcione completamente, aunque no cumpla con las expectativas, aunque no estudie la profesión tradicional de la saga familiar. El amor que traspasa la piel y llega hasta la sangre y las entrañas es aquel que, de tan firme que es, incluso puede soportar la tensión de la cuerda cuando en la adolescencia está tan tirante que cuesta sostenerla sin que se rompa, pues requiere paciencia, flexibilidad y firmeza en una fórmula tan precisa y compleja que desgasta a los padres y madres **hasta el infinito y más allá**. Pero cuando se ama a un hijo (y no al proyecto que nos hemos montado en la cabeza), somos capaces de no soltar la cuerda que nos sustenta a ambos, a pesar de los gritos llenos de rabia que claman desde el otro extremo por conseguir lo que desea. Nuestro **«no, porque te quiero»** supone no soltar la cuerda, es el **«estoy aquí, poniéndote unos límites que necesitas»**. Y todo esto tan difícil lo podremos llevar a cabo de una manera más cómoda si antes hemos descubierto quién es nuestro hijo e hija, si vemos su potencial, si conocemos sus talentos y todo aquello que le emociona o apasiona, si somos capaces de permitir que haga su camino, a pesar del miedo que nos supone ver claramente que con eso «se va a estrellar» ante nuestras narices y, aun así, le permitimos que esto suceda (al menos un poquito). Éstos son los momentos más difíciles. Me diréis, vale, dejemos que se estrellen, pero ¿cuánto?, ¿cuánto es «un poquito»?, ¿cómo saber con certeza hasta dónde aguantará? Cuanto más conozcamos a nuestros hijos e hijas y más confiemos en sus habilidades, más acertaremos. Y si nos equivocamos, seguro que después podemos arreglarlo. Respirar es una buena opción; no hacer la peor interpretación posible, otra, y no permitir que el miedo eduque por nosotros probablemente sea la más importante (recordad que el 93 % de los miedos que sentimos no pasarán nunca). Y en esos momentos tensos, decirles **«te quiero incluso con tus defectos»** es una bonita frase para utilizar de vez en cuando, por la noche, antes de ir a dormir; les ayudará a lo que en realidad más necesitan: quererse a sí mismos un poco más y reducir su ansiedad. ☺

Como veis, querer y educar a un hijo supone un gran trabajo, apasionante, pero que requiere mucha dedicación y consciencia, y os aseguro que no es automático ni se hace solo, te lo has de «currar» por dentro para tener la fortaleza de educarlos en los hábitos saludables, por ejemplo, aunque os repitan una y mil veces que sois unos pesados. Es también entrenarlos en todas esas habilidades que tú crees que necesitarán para ir por el mundo, como la empatía, que les ayudará a entenderse con los demás, o como la autonomía, para que sientan que pueden solos y no se conviertan en dependientes de los otros a la hora de tomar sus propias decisiones, o como la autoestima, para que se quieran a sí mismos aunque por algún motivo sus amiguitos o algún novio no lo hagan en ese momento, o como la fortaleza interior, aquella que todos ansiamos para nuestros pequeños (¡y para nosotros!) porque es el arma infalible para levantarse cuando nos caemos... Y para conseguir todo esto no podemos sobreprotegerlos, aunque hoy en día no hacerlo sea ir, literalmente, a contracorriente, ¡pero que muy a contracorriente! (No estar en el grupo de WhatsApp de las madres de clase es todo un acto de valentía, ¿verdad?)

Amarlos es también transmitir los valores de la familia, pues como ya hemos hablado, son los que nos sustentan y nos marcan el camino (los que nos llevan a escoger una cosa y no la otra, ¿recordáis?), y para hacerlo deben tener claro quiénes son, y eso también lleva trabajo. El amor ilimitado a los hijos, compañeros de lectura, también supone valentía ya que serán ellos los que deberán escoger su camino (y sus extraescolares, y sus amigos, y sus estudios...), aunque veamos nítidamente que se están equivocando o están haciendo menos de lo que podrían en nombre del sempiterno miedo a no ser capaces, a no poder o a tener pereza y estar cansados. Pero somos sus tenaces y valientes entrenadores, y sabemos que del error, de la obligación de superar la desgana o del miedo saldrá un joven o una joven capaz de coger algún día las llaves de casa con coraje y cerrar la puerta tras de sí con seguridad y firmeza.

Evitar confusiones como la diferencia entre quién eres y tu comportamiento, de la cual ya hemos hablado, es vital: «Yo te querré y te aceptaré siempre a ti, pero si tu comportamiento no lo considero adecuado, te lo diré», o «Hija, te quiero mucho, pero no te permito que me hables así», o «Reconozco que me hacía ilusión que estudiaras lo mismo que yo, pero te quiero a ti, no a una profesión o a lo que estudies».

Saber que nuestro amor por ellos no tiene condiciones les dará seguridad, entenderán la diferencia entre quiénes son y qué hacen, y sobre todo se relajarán, ya que no deberán disimular ser alguien que no son, ni tendrán que batallar contra sí mismos, o contra los celos o las emociones que sientan y que de vez en cuando provocarán que su comportamiento no sea modélico.

«Ahora sé que todos somos importantes», me dijo una sorprendida Sandra, con sus dulces 10 años. A veces no nos damos cuenta de que todos formamos parte de la tribu, y que estamos aquí para sumar, no para restar ni para ser siempre los únicos, primeros y mejores. Y es vital asimismo saber que no podemos ser clones de nadie; me refiero a que nuestros hijos e hijas no son ni podrán ser nunca nuestra réplica, están aquí para complementar y añadir alguna cosa nueva a la familia. No queramos que se parezcan tanto a nosotros, **¿no es mejor, más seductor y divertido educarlos para que se parezcan... a ellos mismos?**

El «**no, porque te quiero**» es simplemente una manera clara de poner límites, y para hablar de los famosísimos límites he de hacerlo también del respeto, porque van de la mano: **cuando veo respeto en una familia sé que los límites están bien marcados y orientados**.

Del latín *respectus*, «respetar» significa «**volver a mirar**», es decir, revisar la primera mirada que hemos lanzado a una persona, una cosa o una situación por ser lo bastante digna para que analicemos de nuevo. El respeto es un valor moral que va más allá de la tolerancia, ya que implica tener un sentimiento positivo hacia el otro. Respetar no significa estar de acuerdo, sino que no descalificamos ni discriminamos a alguien por su forma de vida, por sus creencias o por sus decisiones, siempre y cuando éstas, como es lógico, no afecten negativamente a alguien.

Por lo tanto, el respeto nos sirve a los humanos para **reconocer el valor de las otras personas** y percibir sus intereses y necesidades, ayudándonos a tejer amistades. El respeto es imprescindible para tener relaciones sanas, pacíficas y para conseguir armonía en nuestras interacciones sociales, pues sentirse respetado produce sentimientos positivos (genera un vínculo, une, da fortaleza al grupo o al equipo). Respetar a los demás ayuda a que piensen lo mismo de ti y, a la vez, facilita que te respetes a ti mismo, y como he explicado antes, tiene mucho que ver con la opinión que uno tiene de sí mismo, es decir, con la autoestima.

Tal vez os preguntéis: «**¿Y cómo lo podemos entrenar?**». Aquí el ejemplo es un as en la manga con el que contamos todos los padres y madres. Nuestro respeto hacia los demás, hacia nosotros mismos, hacia nuestras parejas, hacia el medio ambiente, hacia los animales, hacia las normas sociales, hacia las leyes, hacia la memoria de nuestros antepasados, etc., es la base para que nuestros pequeños sean respetuosos en la escuela o con los amigos y amigas, y en un futuro, en la adolescencia, por ejemplo, hacia nosotros, sus padres y madres. Que nuestros hijos e hijas nos vean tratar a un camarero con amabilidad, aunque sea lento sirviendo, o que nos escuchen hablar respetuosamente cuando estamos haciendo una reclamación por teléfono... éste es el mejor entrenamiento. Y respetarte a ti mismo, no permitiendo que nadie sea irrespetuoso contigo (hijos e hijas incluidos), será tal vez lo más importante; un simple «perdone usted, pero no le permito que me hable así» es una lección que debería poder escuchar cualquier niño o niña.

Y para que vuestros hijos e hijas os respeten, intentad este truco; estad siempre atentos a cómo se comportan con respecto a vosotros y el entorno, utilizando este tipo de comunicación y argumentos para educar en la consciencia y en los límites: «No te permito que me hables así, es una falta de respeto que no toleraré en esta casa», o «¿Qué necesitas para tratar con más respeto a tu hermana?», o «Tu profesor se merece que te lo vuelvas a mirar y que seas más considerado con lo que te dice». También es básico saber pedir disculpas; un «perdona» o un «lo siento» son fundamentales para entrenar el respeto. Asimismo, quiero afirmar rotundamente que cuando trabajas de manera intencionada con niños y niñas (ya sabéis, con seguridad y teniendo claro qué quieres conseguir), el resultado llega muy rápido, ¡de verdad! ¡¡¡Son superrápidos aprendiendo!!! Os pongo como ejemplo lo que nos pasó con Clara, una jovencita de 11 años que vino a hacer una excursión de un día para entrenar las habilidades del trabajo en equipo con su clase de primero de ESO. Recuerdo que tenía mucho carácter e iba muy acelerada, como si tuviera una prisa constante. Entraba en la adolescencia a pasos agigantados, insegura y desconfiada, pero antes de irse nos dijo: **«Hoy he aprendido que, si se respeta un acuerdo, se construye confianza».** Pues sí, construir confianza es una de las consecuencias del respeto, y en casa sabéis cuán importante es, ¿verdad?

Si cada uno de nosotros fuera un puente, uno de dos pilares, el amor incondicional de la familia correspondería a los cimientos excavados bien profundos en la tierra, aquellos que ayudan a que los pilares que lo sustentan puedan alzarse lo más alto posible sin tambalearse demasiado, y así poder llegar allí arriba, donde habitan nuestros sueños. Pero cuanto más alto, más profundos deben ser los cimientos y más fuertes los pilares, ¿a que sí?

Para mí, uno de los pilares del puente serían las competencias emocionales, y el otro sin duda los límites, aquellos que nos dan la seguridad y la confianza de saber cómo nos hemos de mover por el mundo, básicamente porque llegaremos entrenados a él y **siendo conocedores de qué está permitido y qué no**, y entendiendo que todos somos importantes, como nos decía la dulce Sandra, y que ninguno de nosotros será nunca más el centro del universo, pero sí el de nuestra propia vida, **el héroe inconfundible de nuestra propia existencia**. De este modo será difícil que un huracán o una riada se lleve el puente, ¿verdad?

¿Qué necesita el mundo? Yo creo que todos anhelamos ver puentes con cimientos fuertemente arraigados a la tierra y estables, valientes y únicos para que la gente, los coches y los camiones puedan transitar por ellos seguros y tranquilos porque su coherencia y su firmeza son del todo evidentes cuando los observas bien.

Ya sabéis el dicho: **«El mundo entero se aparta cuando ve a una persona que sabe adónde va». ¿Educamos a nuestros hijos para que algún día lo sepan?** ☺

11

El síndrome de la familia perfecta

No quiero un hijo diez, te prefiero a ti

Como ya sabéis, trabajo en un lugar por donde pasan cada año miles de niños, profesores y familias, y tengo la posibilidad de ver, literalmente ante mis ojos, cómo está la sociedad actual. No sé exactamente el motivo, pero me siento muy responsable porque es como si tuviera delante una bandeja de plata con un montón de información encima, y que de tanto en tanto me preguntara: «Y ahora ¿qué piensas hacer con todo esto que te estoy enseñando?».

Lo que hago ya sabéis lo que es, contároslo tal cual y siempre que puedo, además de buscar recursos (a veces desesperadamente) para conseguir modificar lo que no me gusta de todo aquello que contemplo. Hemos acabado convirtiendo la ability training center que es La Granja en una especie de territorio de investigación donde está la que considero mi segunda familia, el excelente equipo multidisciplinario de profesionales que lo conforma. Nos queremos y trabajamos juntos y en equipo muchísimas horas, pero podemos hacerlo sin enfadarnos porque tenemos el mismo sueño: educar para descubrir los talentos escondidos, conseguir maneras de provocar cambios en las actitudes y en los comportamientos, y que los niños y los adultos entiendan un poquito más qué les pasa por dentro, ya sabéis, aquello de conocer cómo funcionan las personas. Y cuando en el trabajo hay amor y compromiso, cuando la información y la sabiduría se comparten y los resultados llegan en forma de cambios en los chicos, o de un método con resultados demostrados científicamente, lo de menos son las horas y el intenso trabajo.

Y entre esta información que compartimos los compañeros de La Granja hay una de la que ya os he ido avanzando alguna cosa, pero en la que querría insistir y a la que dedicar todo un capítulo porque cada vez me preocupa más, ya que está demasiado presente en las familias. Hablo del **síndrome de querer hijos e hijas perfectos**. Por norma general es inconsciente y por eso mismo me alarma, pero sobre todo por las consecuencias que comporta y que veo en los niños.

Vivimos en una sociedad donde todo está tan medido, ordenado y programado, donde todo se hace cuando toca, donde nos educan para sumar a los 6 años y no a los 7, donde no podemos ni tan siquiera pintar saltándonos las rayas. Todo ello parece provocar que exista una mayor probabilidad de llegar a la edad adulta con el síndrome de la familia perfecta. Ya sabéis a qué me refiero: aspirar a tener **una casa perfecta, con un trabajo perfecto, con un cuerpo perfecto, con unos dientes blancos perfectos y, para complementar el cuadro, con un hijo perfecto**.

Puedo afirmar que cada día veo más y más padres y madres obsesionados por ser perfectos, como si con su perfección quisieran asegurarse unos hijos e hijas ideales, es decir, niños y niñas que cumplen con el plan de vida que tienen programado para ellos, por lo que parece, desde el mismo momento de su nacimiento. Planes pensados demasiadas veces hasta el milímetro, sin dejar nada al azar por tal de **conseguir el producto final**: inglés fluido a los 8 años, deportista de élite a los 14 y *cum laude* a los 23.

Es como si nos creyéramos que ordenando el mundo todo estará bien y nada dolerá, pero por mucho que nos esforcemos, la vida duele y no se puede estructurar todo (especialmente con un crío pequeño). Por otro lado, estar educado para poder con todo sin que nada nos altere es una trampa peligrosa, porque sencillamente es imposible. No somos perfectos porque no podemos serlo, básicamente porque somos humanos, y por naturaleza vulnerables, sensibles, imperfectos y efímeros. De hecho, y como dice el amigo y especialista en narrativa terapéutica Jordi Amenós, aunque nos gusten las mujeres y los hombres «perfectos» que salen en las revistas, no nos enamora lo impecable, sino que en realidad es lo humano, es decir, lo vulnerable. A largo plazo es con lo que nos quedamos, ¿o no? Fijaos si no cómo nos cansan o incluso nos repelen las personas impenetrables, fuertes y exitosas que creen que no pueden ser heridas (¿os viene alguna a la cabeza?), y en cambio cómo confiamos o nos atraen las personas vulnerables y sensibles. ¿Sabéis por qué? Porque sentimos que estas últimas son como nosotros, con debilidades y heridas que tocaron su alma y que también están tratando de cicatrizar. ¿Por qué venderles a los niños la película de que lo ideal es ser perfecto, es decir, una máquina que poco tiene que ver con lo humano?

Pero, aun así, veo padres que **supeditan su felicidad según sean los éxitos de los hijos**, motivo por el cual meditan hasta el extremo todas las técnicas educativas existentes, no vaya a ser que se equivoquen en escoger la que más y mejor se adapta a su objetivo final. Hablo de progenitores (lógicamente siempre preocupados, pensad que su felicidad depende de los hijos) que consultan cada uno de los pasos que dan en las redes, en libros educativos o en tratados pedagógicos como si éstos tuvieran las respuestas correctas para cada momento y cada necesidad de sus vástagos, aunque ésta sea escoger la marca de la leche para el desayuno. Son padres que controlan hasta el extremo todo lo relacionado con sus descendientes, teniendo a los profesores, educadores y entrenadores bajo vigilancia constante, no vaya a ocurrir que no extraigan el máximo jugo y potencial de sus criaturas, y que por «culpa» de un despiste o de alguna variable que no han contemplado ese plan tan perfecto se venga abajo.

Estos chavales, lógicamente, sienten una presión brutal. **«La felicidad de mis papis depende de mí»**, me dijo claramente Marc, con sus tiernos 8 añitos. Sentir eso con 8 años da miedo, mucho miedo, y ellos no están preparados. No sé si os pasó de pequeños, me refiero a lo de sentir que la felicidad de vuestros padres y madres dependía en buena medida de vosotros. Pero ¿os podéis imaginar el inmenso peso que debe de sentir Marc o cualquiera de nosotros sabiendo que la felicidad de otra persona depende de ti? Veo en directo cómo el miedo a equivocarse por si no cumplen con la expectativa, con lo que se espera de ellos y de ellas en esa especie de plan maestro que se les ha diseñado, inunda sus miradas de ansiedad.

Recordemos una vez más, amigos y amigas, que **¡¡¡la felicidad sólo depende de ti!!!** La responsable eres tú, no tu hijo o tu hija. No los obliguemos inconscientemente a tener que sobrellevarla.

En mis 34 años de profesión confieso que nunca he visto ningún niño o niña que quiera decepcionar a sus padres, ¡¡¡nunca, ninguno!!! Pero esto no es ninguna novedad: durante vuestra infancia siempre queríais que papá y mamá se sintieran orgullosos de vosotros, ¿verdad que sí?

Por desgracia, cada año me encuentro con más adolescentes

que **se rebelan bruscamente porque no lo soportan**, literalmente no resisten todo ese peso, y hacen lo único de lo que son capaces: **liberarse**. Y para ello dinamitan el plan perfecto, desobedecen a los padres y a las madres magistrales y hacen desaparecer el hijo o la hija ideal, ese que se han visto obligados a ser desde que nacieron.

No sé si habéis visto u os podéis imaginar la mirada de decepción de estos padres y madres cuando eso pasa; los pobres no entienden nada de lo que ha sucedido, ni tan siquiera cuándo empezó a desmoronarse su gran castillo imaginario: «Siempre ha sido obediente y sacaba unas notas excelentes», «No entendemos qué le está pasando, ella no es así», «Siempre ha sido un niño diez en todo, algo se nos ha escapado». Y con todo el dolor de mi corazón a veces les he de decir que todo empezó cuando quisieron convertir a su hijo o hija en un proyecto, en algo perfecto y digno de admiración. Y si se les ha escapado alguna cosa importante, probablemente sea ésta.

Recuerdo a una jovencita con talento para el tenis que desde pequeña había tenido siempre las mejores raquetas del mercado, iba al mejor club de tenis de Barcelona, al cual los padres apretaban para que tuviera a su disposición en todo momento los mejores entrenadores, aunque la familia no contaba con grandes recursos para permitirse según qué extras, pues algunos eran realmente caros. La familia al completo la acompañaba a todas las competiciones, y sacrificaban el ocio de todos por el tenis de la pequeña desde hacía años, hasta que un buen día la niña (que ya tenía 14 años) lo dejó de golpe, sin explicaciones; simplemente dijo que no lo soportaba más. Los padres estaban perplejos, no entendían cómo de repente ya no le gustaba el tenis y me decían que nunca le habían exigido ganar, que era ella la que quería jugar porque le encantaba el tenis, y que ellos sólo la animaban... Hasta que les pregunté: «Con cada raqueta que le comprabais, ¿qué le estabais diciendo en realidad?, ¿la mejor raqueta, el mejor entrenador, el mejor club para la mejor hija?». Con nuestros actos les estamos diciendo un montón de cosas, y lo que le estaban expresando esos padres era esto: «Eres nuestra niña perfecta y nuestra expectativa es que te sacrifiques al máximo para corresponder a nuestros sacrificios, y así nos sentiremos muy orgullosos de ti. Tu éxito es nuestra felicidad y por ello todos los recursos son para ti. En resumen, nuestra felicidad depende de ti». Y la niña, como todos los hijos e hijas, hace lo que sea para que los queramos. **¡Hasta que no soportan la presión y estallan!** Y cuando lo hacen, no suele ser por un hecho concreto; es la acumulación, aunque los padres y madres escudriñen si es culpa del entrenador de turno, de un compañero o compañera del equipo, o de una variable del universo que, por algún motivo, se ha confabulado en su contra desbaratando todos los años de esfuerzo y sacrificio (sintiéndose encima culpables y un fracaso como progenitores por no haber controlado cada situación probable). Entonces, lo que empezó siendo un talento natural en un deporte se acaba convirtiendo en una prisión de la que a veces nadie sabe cómo escapar si hay demasiado en juego, como, por ejemplo, si es lo que les asegura un ingreso de dinero en casa o ser el orgullo de toda la familia. Si necesitamos sentir el éxito, tal vez deberíamos ser nosotros los que tendríamos que empezar a entrenar para conseguirlo, en vez de proyectarlo en nuestros hijos, ¿no?

Hay además un problema añadido, y es que con la decepción de los padres y madres llega siempre, e inevitablemente, la de estos chicos y chicas, que sienten el fracaso tan enganchado a su piel que les cuesta reponerse.

La pregunta que planteo es: **¿hace falta tanta presión?, ¿de**

verdad es necesaria? ¿Podemos relajarnos todos, dejar los planes milimétricos y permitir a los niños y niñas que sean eso, sólo críos disfrutando de un juego que les gusta?

Que no nos pase a nosotros lo que le ocurrió a una madre cuyo hijo de 11 años le dijo: **«Mamá, quiero ser importante para ti... pero no tanto».**

12

Sobreproteger es desproteger

Hijo, ¿quién está tomando la decisión?, ¿tu miedo o tú?

Hablemos ahora del gran tema, ¡la sobreprotección! Y lo empiezo diciéndoos con absoluta firmeza y con toda la claridad de la que soy capaz que **sobreproteger es desproteger**. ¿Por qué? Pues porque, por mi experiencia, todos los niños a los que desde pequeños he visto que se les ha sobreprotegido, es decir, que han sido los padres los que han hecho un montón de cosas que ellos podían hacer, anticipándose a todas sus necesidades, cuando llegan a la ESO sufren una baja autoestima y, consecuentemente, poca seguridad en sí mismos, además de desconfianza y un mayor número de miedos si los comparo con los que no han estado sobreprotegidos. Y os hablo del 100 % de los casos, no de un 80 % o un 90 %, sino del 100 %.

Y un joven o una joven que no se gusta a sí mismo, o que desconfía, o que no se siente seguro, está obviamente en clara desventaja respecto al resto de los chavales de su entorno, y, por lo tanto, es vulnerable, débil y está desprotegido para ir por la vida. Digamos que son chicos y chicas que **no se sienten suficientemente valientes para ser sus dignos protectores**, y por este motivo necesitan que alguien lo sea en su lugar (o lo siga siendo, tal y como sus padres y madres les han enseñado diligentemente). Y cuando son adolescentes y «no mola que los papás nos protejan», se buscan a otro u otros que lo hagan, y aquí es cuando empiezan a ser dependientes de los amigos o de las parejas para que los defiendan, los quieran y los acepten. Si los amigos son majos, aún podremos manejar la situación, pero... ¿y si no? ¿El bienestar y la seguridad de nuestros hijos adolescentes dependerán de la novia de turno o de la pandilla del momento?

Si os preguntáis qué podemos hacer para no sobreproteger, la respuesta es fácil: dejar claro a los niños y niñas que los queremos y que los hemos de entrenar en la autonomía y en ser valientes.

Como hemos hablado en los primeros capítulos, ser autónomo (es decir, no tener que depender de los demás para las tareas y situaciones cotidianas, o tener ciertas actitudes o comportamientos positivos para con la tribu) ha sido vital en la evolución humana para llegar a ser los seres vivos y la sociedad más importante que ha existido en el planeta Tierra y, posiblemente, en buena parte del universo. Nuestros antepasados hacían rituales para que los niños pudieran demostrar su autonomía y valentía en su paso hacia la adultez a fin de ser merecedores de pertenecer a la comunidad y, de paso, **sentirse honrados, útiles y valiosos para los demás**.

No sé si os habéis dado cuenta de que los críos, con 3 o 4 años, nos dicen constantemente y hasta el agotamiento: **«¡Mamá, mira qué hago!»**. ¿Sabéis qué hay detrás de esta frase?, pues la necesidad de demostrar a los padres (y a la tribu) que están creciendo para algún día ser valiosos para la comunidad. Estas palabras inocentes ocultan lo siguiente: **«Mamá, mira cómo avanzo en mi autonomía, en hacer las cosas yo solo, y quiero que tú me lo** reconozcas». Cuando se aguantan en equilibrio con un solo pie, cuando consiguen abrocharse la chaqueta, cuando fabrican una herramienta galáctica con trozos de madera, están entrenando su autonomía porque su naturaleza, de manera innata, les está diciendo que prueben a hacer cosas nuevas, que se atrevan a superar los pequeños temores del día, que se arriesguen a inventar o a hacerse preguntas interesantes o curiosas, como la de «¿por qué el cielo es azul?». Y hacen todo esto porque, evolutivamente hablando, es vital para nuestra especie. Y cada vez que no se lo reconocemos o incluso que inhibimos deliberadamente este comportamiento haciéndoles nosotros las cosas (le abrocho yo la chaqueta por aquello de las prisas), estamos impidiendo que sus inclinaciones naturales se desarrollen. Con un «cada día haces más cosas tú solo, estoy orgulloso, ¡felicidades!» o con un «eres una valiente, hoy te has atrevido a ir sola al lavabo» lo estás protegiendo porque estás entrenándolo en la autonomía para no ser dependiente, y en la valentía para convertirse algún día en su valioso protector y, al mismo tiempo, en alguien útil para el mundo (en vez del mejor del mundo, algo que lo estresará y angustiará).

Sin embargo, con esta obsesión por el control y por que todo esté en su sitio en el tiempo y el momento precisos, con demasiada frecuencia **observo cómo nos anticipamos constantemente a los deseos de los hijos e hijas**, y a lo que necesitan, como cuando les compramos juguetes diseñados para edades superiores a las suyas.

Ciertamente, **anticiparnos, que es la base de la sobreprotección**, lleva a que hagamos todo lo inimaginable por el supuesto bien de nuestra criatura, por miedo a que llore, a que no se sienta a gusto o a que no tenga todo aquello que desee en cualquier momento. Como esos padres que antes de salir fuera el fin de semana cargan el coche hasta arriba **por si**... ¿Por si qué? ¿Por si no tiene ese juguete con el que hace meses que no juega y, mira por dónde, lo echa de menos y tiene una pataleta? Y encima los padres y madres nos sentimos culpables y nos recriminamos el olvido unos a otros delante de la criatura, que lo ve y lo nota, y se aprovecha de nuestro temor a decepcionarlo, lo cual nos hace sentir (horror) que no somos unos padres y unas madres como Dios manda, es decir, ¡perfectos! Así que antes de arrancar el coche, preocupados y angustiados, contemplamos todas las opciones posibles de lo que pueda llegar a necesitar nuestro pequeño, en un gran ejercicio de imaginación y anticipación, propio del mejor novelista. Y no contentos con ello, somos capaces de sobrevolar a los pequeños no sólo cuando estamos con ellos, sino también cuando no, y temerosos y desconfiados (el miedo comporta desconfianza), y en nombre del teórico bienestar de nuestros hijos e hijas, hacemos una mala interpretación de todos los que suplantan nuestra tarea educativa (no sea que no la entiendan como nosotros), pidiendo o exigiendo que los demás (canguros, abuelos y abuelas o profesores) también los sobreprotejan en la misma medida.

Incluso, y siempre en beneficio de la criatura, algunos padres y madres ponen la atención en los defectos de los maestros, entrenadores o educadores que, cosas de la vida, pueden llegar a afectar la delicada sensibilidad que, por lo que parece, tienen sus hijos con el famoso «pobrecito, todo le afecta, es muy sensible». Y a fin de evitar cualquier despropósito en forma de acto que les pueda molestar, o incluso una ínfima sospecha de que nuestro pequeño tesoro pueda sufrir lo más mínimo, o sentir cualquier miedo que lo pueda atemorizar... nos quejamos del profe mediante el WhatsApp, o lo borramos, indignados, de la extraescolar. Y cada vez que lo hacemos le estamos diciendo a nuestro pequeño: **«Eres débil, eres frágil, alguien te ha de defender, sin mí no podrás tirar adelante,**

me necesitas para todo». Y con una facilidad que a mí me resulta fascinante, el niño o la niña se lo creen, a la vez que les negamos la opción de ser valientes y de sentirse capaces de defender una idea o de luchar por su futuro.

Si lo miras desde la distancia, parece algo cómico y sin sentido. Decía Einstein que la estupidez humana era infinita; quizá tuviera razón, pero en todo caso evitemos en lo posible que nuestros hijos e hijas la vean en casa, ¿no os parece?

Los padres y madres sobreprotegemos por miedo, miedo a que no puedan, miedo a que no sean felices, miedo a que se hagan daño, miedo a que padezcan, miedo a que tengan miedo... Y ya sabéis todo lo que nos hace el miedo: nos paraliza y no nos ayuda a tomar decisiones inteligentes pues nuestro cerebro racional está a medio gas, ya que el cerebro instintivo o reptiliano, encargado de apartarnos del peligro, se encuentra en estado de alerta y nos lleva a hacer la peor interpretación posible, ocupando toda su energía y espacio. Y este último está también invadido por los temores irreales, aquellos que nunca ocurrirán aunque los imaginemos (recordad que el 93 % de los miedos que sentimos nunca tendrán lugar).

Llegados a este punto, tengo que repetiros la pregunta trascendente: **¿quién queréis que eduque a vuestro hijo o hija?, ¿vosotros o vuestro miedo?**

¿Nos hemos olvidado de coger la muñeca que reclama? Aprovechémoslo para educarlo en la fortaleza, juguemos juntos a confeccionar una nueva usando ramas y hojas del jardín, y si no quiere, practicará la tolerancia a la frustración, es decir, llorará un poco, pero estad tranquilos porque seguro que se le pasará. No sufráis, que no le ocurrirá nada grave. De hecho, será todo lo contrario, **¡pasarán muchas cosas interesantes y aprovechables!** ☺

Como muestra de esto os relato una anécdota que a su vez me contó una profesora de una escuela. Fue con una madre de una de sus alumnas de 4 años, a la que un día le comentó que había tenido que reñirla porque se había portado bastante mal (no quiso recoger los lápices de colores, se negó a colocar la silla en su sitio y a colgar la bata...). Y a la madre, prototipo de «madre sobreprotectora» y, por lo tanto, desconfiada, se le ocurrió preguntar por el grupo de WhatsApp de clase si la maestra había reñido a algún otro niño ese día pues, argumentaba la madre, la profesora debía de tener un mal día y quería saber si sólo lo había pagado con su hija o había más niños afectados. Y cuando tenemos la cabeza tan ocupada en fabular terribles conspiraciones, no nos damos cuenta de pequeños detalles, como, por ejemplo, que dentro del grupo había una madre que era profesora de la escuela, y al día siguiente le faltó tiempo para compartir el WhatsApp con su compañera de trabajo y maestra en cuestión.

Comprensiblemente, el ánimo de la educadora quedó afectado, además de embargarle un sentimiento de injusticia y unas ganas tremendas de decirle cuatro cosas a la madre (lo que, por cierto, no hizo y provocó que la cuestión no quedara cerrada y se recordara durante el resto del curso). Fue injusto para la maestra porque era realmente superdulce y comprensiva, ya sabéis, de buen carácter, por eso calló, pero sobre todo lo es por la niña, porque su mamá no es consciente de que la está entrenando en la debilidad, en la irresponsabilidad y en el capricho, habilidades poco útiles para la tribu, ¿no creéis?

Si sentirse libres es una prioridad humana y entendemos que es necesaria para la felicidad, **¿por qué educarlos en el miedo, en el «no puedo», y permitir que sean dependientes o arriesgarnos a que sean asustadizos?**

Pocas veces surge de la nada un niño o una niña **con el valor de ser**. Todo lo contrario: el coraje de unos padres que buscan que lo que hacen en su día a día tenga sentido y sea coherente, acostumbra a ser el origen de una educación firme en valores, unos valores que se han sustentado por un modelo de padres que como mínimo tienen las cosas claras. Éstos se han atrevido a que sus hijos e hijas se espabilen porque confían en que podrán defenderse. Y, desde la tranquilidad, los acompañan en las caídas y en las equivocaciones, porque saben que ambas son algo natural y se convierten en las mejores profesoras durante el crecimiento y la madurez del carácter.

Así pues, qué escogéis: ¿sobreproteger o proteger?, ¿educarlos vosotros o que sean vuestros miedos quienes lo hagan?

13

La generación Yo-Yo, Ya-Ya

Hijo, el responsable de tu felicidad eres tú, no yo

En mi trabajo tenemos nuestro propio vocabulario para designar comportamientos y actitudes. Por ejemplo, «va con la cresta subida» es una metáfora que utilizamos para identificar a los muchachitos retadores, aquellos que nos recuerdan a los gallos del gallinero que tenemos en La Granja; o «un mecha corta» se refiere a los jóvenes que, como algunos petardos, explotan antes de lo previsto por esta razón, con lo que el fuego llega antes a la dinamita, digamos que serían los que con una pequeña chispa pueden ocasionar una verdadera deflagración; o cuando decimos que tenemos un «Yo-Yo, Ya-Ya» nos referimos a aquellos niños y jóvenes que tienen un comportamiento egoísta e impaciente. Y hay que decir que con los Yo-Yo, Ya-Ya nos pasa que nunca te encuentras con uno solo, es como si fuera una especie de tendencia, contagiosa y viral en los grupos.

En estos momentos son tantos los Yo-Yo, Ya-Ya que nos llegan, incluso clases enteras, que hemos acabado hablando de la generación Yo-Yo, Ya-Ya, lo cual ha tenido una fuerte repercusión mediática hasta el punto de instaurarse para definir un nuevo reto que tenemos los padres y los educadores de hoy en día: cambiar a los Yo-Yo, Ya-Ya por los Nosotros-Nosotros. Evolutivamente hablando, es mucho más interesante e inteligente este cambio, ¿verdad?

¿Y cómo son estos niños y jóvenes de la generación Yo-Yo, Ya-Ya? Pues son chavales que se creen que **ellos son siempre los primeros y están antes que nadie. Y que lo necesitan todo ya, porque no soportan esperar**. Jóvenes con poca o nula tolerancia a la frustración que se enfadan con facilidad y/o abandonan al primer traspié ya que el desánimo se apodera de ellos con muchísima facilidad. **Son la antítesis de la solidez y el valor**.

Pero cuando trabajas con ellos, haciendo actividades prácticas y con una intención concreta, como, por ejemplo, en el Puente de la Comunicación Positiva o la actividad de Navegar en Equipo, ves que aprenden rápido, como muestran sus palabras y que aquí os reproduzco de manera literal: **«He aprendido que lo importante no es ser el primero, sino pasártelo bien y estar contenta contigo misma»**, nos dice una brillante Irene con 10 años. Y sí, lo es, importante para ella ¡y para toda la clase! O recuerdo a la pequeña Sabrina, que con tan sólo 8 años me dijo: **«Yo me quejo mucho, pero es que no sabía cómo hacerlo de otra manera»**; no sufras, mi dulce niña, si nadie te lo ha enseñado antes, ahora es el momento.

¿Qué está provocando que en pocos años hayamos pasado de casos aislados de los Yo-Yo, Ya-Ya a una pandemia en toda regla?

Personalmente, y por lo que veo, podría deciros que habría tres causas principales. La primera de todas la considero otra pandemia fuertemente instaurada en nuestra sociedad: la **sobreprotección** de la que acabamos de hablar en el capítulo anterior, ya sabéis, el hecho de acostumbrar al crío a que son los demás los responsables de sus cosas (prepararle la bolsa de Educación Física, ayudarlo a estudiar o preguntar cuáles son los deberes del día por el grupo de WhatsApp), hasta el punto de creerse que **alguien es el responsable de su felicidad**, y que si el esfuerzo o el sacrificio que se le pide le angustia, se le perdona para que tengamos la fiesta en paz. De hecho, como ya he mencionado, detrás de la sobreprotección hay miedo, **miedo a que no sea feliz**. En consecuencia, los padres o la persona que se dedica a sobreprotegerle también le está diciendo **«yo soy el responsable de tu felicidad, no tú»**, y el crío se lo cree tanto, que nos lo echará en cara mientras crezca, absolutamente convencido, y especialmente enfadado cuando las circunstancias de la vida no le sean fáciles, pues, al fin y al cabo, para ellos somos nosotros los responsables reales de su bienestar y, por lo tanto, los culpables de todos sus males (¡incluso de sufrir una enfermedad!).

Y todo empieza justamente la primera vez que le resuelves tú un *problema* que podría solucionar él por sí solo (demostrándole de paso que tienes confianza en sus capacidades). Y así, un suspenso, un conflicto con las amigas o que le deje el novio lo vive como si fuera «culpa» de los padres... o del mundo. En todo caso, se le ha enseñado que nunca es culpa suya y por eso no puede hacer absolutamente nada para cambiar lo que no le gusta de su vida. Le ocurre un poco como a la madre del WhatsApp del capítulo anterior, ¿recordáis?, la que está entrenando a su hija para que se crea que la felicidad depende de los demás, como su profesora de P4.

Sobreprotegerlos, al principio inconscientemente porque son pequeñitos y de alguna manera somos los padres y las madres los que hemos decidido hacerlo sin apenas darnos cuenta (es lo que además vemos a nuestro alrededor: los superpadres. Y si lo hacen casi todos, pues nosotros también, que ir a contracorriente crea muchas inseguridades).

Y si al empezar lo hacemos por decisión propia, cuando crecen la cosa cambia, porque entonces ya no tenemos más remedio que seguir haciéndolo, pues son ellos quienes nos obligan, lo que ocasiona que, si no sabemos salir de esta dinámica perversa, **sus fracasos se conviertan en los nuestros porque estamos viviendo dos vidas, la nuestra y la suya**. Digamos que te ocupas tanto de su existencia, que dejas de vivir tu vida (o buena parte de ella) porque siempre estás pendiente y en alerta; como le ocurría a aquella madre que cada vez que su hija de 20 años se dejaba el móvil o el portátil en casa, cogía el coche ¡¡¡y se lo llevaba a la universidad, a más de treinta kilómetros!!! La madre en cuestión postergaba obviamente su trabajo e incluso sus planes (más de una vez, y de dos y de tres, había salido dejando a medias una cena con sus amigas para atender lo que fuera que necesitara su hija, y, por supuesto, sin ningún remordimiento por parte de la muchacha y sin ninguna queja por parte de la madre: como si fuera lo normal, lo que toca). Y aquí es cuando el círculo perverso parece que no tenga fecha de caducidad.

Francamente, este tipo de conducta está por encima de las posibilidades de cualquier mortal, aunque puedo constatar que hay padres y, sobre todo, madres con una capacidad increíble para renunciar a su vida y vivirla a través de sus hijos. Están agotadas, pero lo hacen cada día... ¡¡¡Impresionante!!! **Lástima que tanto esfuerzo y desgaste sea poco útil para los chavales.**

Un segundo motivo que genera los Yo-Yo, Ya-Ya son, a mi modo de entender, las familias para las que **los hijos, las hijas y también los nietos son siempre lo primero**; es decir, se creen y demuestran a diario con un desvelo extraordinario que las criaturas y todo lo que necesitan va siempre antes que ellos, y en todo: con 5 años siguen adaptando los horarios de ocio a las necesidades de los pequeños, o es el crío quien con un solo dedo (el índice habitualmente), y con tan sólo 3 años, es capaz de dirigir a sus padres o abuelos cual marionetas bien adiestradas («quiero que me dé la comida mamá, no tú»), y siguen sus deseos en nombre de la tranquilidad en casa (ya sabéis, con el típico «bueno, es igual»).

Que tu vida gire alrededor de tu hijo o hija es lógico, pero que todo, absolutamente todo tu mundo dé vueltas en torno a él o ella, aparcando cualquier otra cosa, les **hace creer que así es como debe ser, que es lo natural y lo correcto**, y se sienten muy bien, como es lógico; son los reyes absolutos del hogar y todo lo que no sea estar de esa manera los incomoda e irrita. Por este motivo, cuando llegan a la escuela infantil y han de convivir en el universo de las relaciones (justo lo que es un aula, el primer lugar para entrenarse y prepararse para salir al mundo), empiezan las luchas y las dificultades en las relaciones sociales. De hecho, las profesoras de P-2 y P-3 me repiten mil veces lo mismo: «No sabemos qué hacer: tienen pataletas, se irritan por cualquier cosa, no soportan no hacer lo que les apetece en cada momento, incluso algunos intentan pegarnos por la rabia que sienten». La última tendencia con la que se encuentran ahora es que cuando un niño o una niña se cae, ya ni siquiera intenta levantarse, ¡espera a que alguien le ayude a hacerlo en su lugar!

El gran reto que tenemos en la actualidad es el de los niños Yo-Yo, Ya-Ya porque son mayoría en muchas aulas, y matemáticamente es imposible que todos ellos sean el centro y los primeros de la fila. **Y la renuncia o postergación de sus deseos se ha convertido en algo del todo desconocido para muchos de ellos**. Recordad que evolutivamente estamos preparados para hacer justo lo contrario, es decir, para ser autónomos, y mediante el juego grupal, aprender y entrenar el difícil arte de las relaciones sociales, **más elaboradas y complejas que las de cualquier otro animal que haya existido jamás sobre la faz de la Tierra**. Por este motivo es vital que los entrenemos en las competencias emocionales (que incluyen las habilidades personales y sociales), porque les serán imprescindibles, pero a la vez son tan complicadas de dominar que las personas necesitamos años de entrenamiento durante la infancia, que es cuando, de manera natural e instintiva, estamos diseñados para aprenderlas. No obstante, si se lo impedimos (por nuestros miedos o por la razón que sea) y no les autorizamos para que las practiquen, ¿cuándo lo harán? ¿A partir de los 20 años, cuando salgan de casa?

Y el tercer motivo es para mí la aceleración, la sensación de que estamos dejando creer a nuestros niños y niñas que **«si no corres, te lo estás perdiendo»**, convirtiendo su vida en una maratón infinita de obligaciones diarias con el fin de prepararlos para el futuro, con angustia y presión constantes, mientras se pierden lo único que tienen, lo único que tenemos todos: el presente. Y al final corremos tanto que nos lo perdemos todo, especialmente saber quién caray somos, qué queremos y qué necesitamos. ¿Os dais cuenta?, ¿lo veis igual que yo?

El reto que os propongo es pasar del Yo-Yo, Ya-Ya al Nosotros-Nosotros, como familia, como clase y como lo que queráis. Es más ecológico, más sano y mucho más valiente, aunque tengamos que ir a contracorriente.

Y pasar del *yo* al *nosotros* se consigue no sobreprotegiéndolos, dejando que hagan lo que son capaces, poco a poco y a su ritmo. Y si dudáis de qué pueden y qué no pueden, os invito a que lo prueben, a ver si lo consiguen solitos. Decidles cada día que en casa todos sois igual de importantes, que no hay nadie ni primero ni último. **Y enseñadles también que la vida no tiene prisa, sólo la tienen las personas que se han creído que, para ser felices, ¡hay que correr!**

14

La ilusión

Hijo, mantén tu ilusión y recuerda que, si tú no trabajas por tus sueños, alguien te contratará para que trabajes por los suyos

Os quiero hablar de una emoción que me encanta y apasiona; de hecho, soy una firme defensora y también una devota usuaria: **la ilusión**. Ella, como el resto de las emociones que sentimos, tiene una misión para nosotros, y siempre relacionada con algo positivo y que nos beneficia.

Continuamente digo que tengo el mejor trabajo del mundo mundial y, en parte, uno de los grandes motivos que hay detrás es la ilusión que se puede sentir y oler cuando caminas por La Granja, rodeada de niñas y niños emocionados y alegres, con caballos, naturaleza y animales por todas partes.

La ilusión, como el resto de las emociones, es contagiosa, así que os podéis imaginar lo afortunada que soy de poder vivirla de cerca y que me la transmitan a diario, porque **¿os habéis dado cuenta de que nuestros pequeños casi siempre están ilusionados?** En mi trabajo puedo observar en ellos de qué manera está presente en sus miradas las ganas de sorpresa, intrínsecamente unida a la ilusión. Detrás de un árbol puede haber una guarida de gnomos que ellos, muy versados en la tarea, visualizan con absoluta niti-dez, aunque yo ya no sea capaz. Una nube es un caballo al galope, un gallo canta la última canción de moda, y detrás de la puerta de la habitación hay una maravillosa hada, elegante y bellísima, que los ayudará a soñar en grande esa noche. Cuando te lo cuentan, con esa pasión y entusiasmo, incluso yo me lo acabo creyendo.

¿Sabéis?, cuando la siento, noto cómo me sube una especie de fuerza por dentro, tanta que a veces lleva a que me levante de gol-pe, y percibo que me impulsa no sólo a hacer más y con mayor in-tensidad, sino a compartirlo con los compañeros que me quieran escuchar en ese momento. Hacemos círculos improvisados en medio de la oficina, a veces personas ajenas a La Granja (provee-dores, padres, madres, profesores...) entran y nos escuchan per-plejos mientras observan, y nosotros ni siquiera nos damos cuenta de su presencia allí porque estamos demasiado emocionados ha-blando, imaginando y muriéndonos de risa, divagando y soñando escenarios probablemente tan irreales como imposibles. Y siem-pre acabamos con un chute tan brutal de energía que nos impulsa a hacer o a probar alguna cosa nueva. Es cierto que casi nunca conquistamos la utopía imaginada, pero sí logramos una cosa, más pequeña y tal vez insignificante... pero que es vital que se haga: **avanzar**. De hecho, éste es el objetivo, ¿no? Ir avanzando, aunque sea poco a poco. **Y ésta es precisamente la misión de la ilusión, darnos la fuerza para progresar y no ponernos límites**.

En lo que a mí respecta, hace que todo me funcione, como si la cabeza, el cuerpo y la misma sangre se pusieran de acuerdo para darme energía, hacerme sonreír y no permitir que me canse (¡puedo estar horas trabajando, literalmente, sin agotarme!). Re-conozco que los objetivos me seducen de tal manera que es como si me absorbieran hasta el punto de que sueño despierta mientras conduzco por la autopista o mientras voy de una reunión a otra. No sólo siento que todo es posible, también veo cómo las dificultades van desapareciendo a mi paso, como si las estrellas hubieran conspirado a mi favor. Y cuando la cosa se complica y no sale tan bien como me había imaginado, ¡ni siquiera me importa! No sé si es algún tipo de autoengaño, pero os aseguro que es como si la ilusión tuviera la capacidad de renovarse por sí sola, y yo sigo contenta buscando alternativas, caminos diferentes, y soñando por la autopista.

La emoción de la ilusión es brutal, ¡simplemente alucinante! Se debería aprender como asignatura obligatoria porque es capaz de mover montañas enteras... y hacer realidad verdaderas utopías. ☺

Etimológicamente, «ilusión» (del latín *illusio*) significa «engaño». Y es un preciado don que tenemos los humanos para imaginar escenarios irreales o que no existen... **aún**. Y aunque no existan, nos ayudan a vivir, y mucho más de lo que pensamos. Esta emoción está conectada con las emociones positivas, razón por la cual nos sentimos plenos y motivados (nos dan un motivo).

Si observamos a una persona que se ilusiona por alguna cosa, veréis cómo le cambia la mirada, su estado de ánimo y su posición corporal expresan alegría y pasión. El entusiasmo y la sensación de que hemos recargado fuerza y energía son las primeras respuestas del cuerpo, como si de repente se llenara de vida.

De hecho, **la ilusión nos motiva a visualizar, a proyectar y a desear aquello que realmente queremos vivir, y nos permite disfrutarlo antes de que suceda**. Y, lógicamente, también nos aparta de la apatía, reduce nuestro cansancio y nos llena de aliento porque es precisamente su manera de evitar que nos rindamos. En realidad, ella se ocupa de eso, **¡de que no nos rindamos!** La ilusión también impide que vivamos en modo automático, ya sabéis, aquello de dejar que las cosas pasen, en vez de ser tú quien haga que pasen.

Eduard Punset explicaba que en el hipotálamo del cerebro está lo que los científicos llaman el circuito de búsqueda. Este circuito es el que se encarga de alertar a los resortes del placer y de la felicidad, y sólo se enciende durante la búsqueda, y no durante el propio acto. **En la búsqueda, en la expectativa, radica el mayor placer de la felicidad.** Ya veis cuán importante es la ilusión, pues es capaz de que sintamos placer antes de que sea una realidad, y puede mantener nuestro depósito de bienestar lleno con más facilidad, ya que no es necesario conseguir el objetivo para poder sentirlo. Digamos que sí, que es una especie de autoengaño del cerebro, pero **qué bien que va si lo sabemos aprovechar, ¿no creéis?** Precisamente por eso es tan importante tener la capacidad de dominar esta emoción, para renovar con asiduidad nuestras ilusiones y convertirla en una habilidad nuestra, integrada, para algún día llegar a ser una persona que acaba siendo aquello que practica, es decir, alguien alegre, ilusionado, feliz y fuerte.

Cuando vivimos una situación como la que os contaba de la oficina, la gente que entra (proveedores, clientes) se nos queda mirando, primero sorprendidos, luego con una sonrisa en la boca, y lo curioso es que nunca nadie se marcha (aunque tengan prisa no se quejan, callan y siguen esperando mientras observan, como si algo los enganchara). Algunos se atreven incluso a entrar en el grupo y dar su opinión, convirtiéndose de repente en uno de los nuestros. Técnicamente, lo que hay detrás de este escenario, ¿sabéis qué es?, **la ilusión de una persona que crea un estado de ánimo, el cual genera un clima que afecta a todo el equipo o a la gente que hay en una habitación.** ¿Veis su potencial? Y cómo tú solo o tú sola puedes crear un clima que lo que consigue justamente es propiciar el «nosotros» en el hogar, en el trabajo o en el aula. Un ambiente en el que, por cierto, ¡todos querríamos estar, aunque sólo sea por unos minutos al día!

Que todos los niños y niñas sientan ilusión no es ninguna casualidad, como tampoco lo es que alguna cosa en su interior los impulse a ser autónomos y valientes desde muy pequeños. La emoción de la ilusión les sirve para vivir intensamente cada minuto del día, para sentir emociones agradables como la alegría o la esperanza que refuerzan su sistema inmunológico y potencian su creatividad e imaginación, todo ello un *kit vital* para la supervivencia.

Es en el momento en que crecemos y nos convertimos en adultos cuando, por algún motivo que aún desconozco, renunciamos a nuestras ilusiones. ¿Por qué? ¿Por las decepciones? ¿Porque no todo es tan justo como nos lo habíamos imaginado? ¿Porque hay problemas y frustraciones? Ya... ¿y qué? Precisamente para eso tenemos la valentía, para poder lidiar con nuestros temores y dificultades sin perder de vista nuestros sueños. ¿Recordáis lo que Sergio le dijo a su amigo en el rocódromo? **«Sube, sube, que el miedo te deja en paz cuando lo haces».** ☺

Steve Jobs decía que **si tú no trabajas por tus sueños, alguien te contratará para que trabajes por los suyos**. ¿En serio que no os apetece probarlo? Un truco infalible que a mí me ayuda es observar a los niños y aprender de ellos, de cómo se dejan sorprender por el sol, por la lluvia, disfrutando de cada instante. ¿Les copiamos? ¿Nos atrevemos a desenfocarnos de las decepciones y de la desgana, dejarlas de lado por unas horas y a cambio **jugamos con la vida como hacen ellos**? Y si por algún motivo ya no os sentís capaces, no pasa nada, os entiendo, pero intentad al menos contemplar la ilusión que ellos y ellas sienten, y no los inhibamos cuando estamos delante.

Fue en el 2013 cuando se celebró la primera jornada sobre la ilusión en Madrid, organizada por el Colegio Oficial de Psicólogos de Madrid, por la Fundación Once y por el Instituto Cervantes, lo cual es una muestra más de su importancia. Es fundamental entender qué son las emociones y cómo podemos sacarles el mejor provecho, recordad que **nuestra mente sólo ve si está preparada para entender**. Y de eso se trata, de que nuestros pequeños y pequeñas puedan comprender aquello que a nosotros nunca nos enseñaron y tanto nos cuesta ver: que **las emociones pueden ser nuestras mejores aliadas para ir por la vida, y que nuestra felicidad depende de ellas**.

¡¡¡Aaah!!!, por cierto, hablando de la ilusión, aprovecho para invitaros a que vuestros pequeños no sean la única en vuestra vida, intentad que ésta también tenga que ver con algo vuestro y relacionado con vosotros.

Decía el escritor argentino José Narosky que **su gran ilusión era seguir teniendo ilusiones. Pues yo ¡lo mismo! ¿Y vosotros?**

15

El trabajo en equipo y los conflictos

HIJO, RECUERDA QUE NADIE SABE TANTO COMO TODOS JUNTOS

Era jueves, en su primera semana de campamento de verano, cuando Luc, de 9 años, entró en la oficina para buscar su gorra perdida. Me acerqué a él, le di un beso mientras le ponía la gorra extraviada en la cabeza y le pregunté: «¿Qué has aprendido hoy?». Él me miró y, después de pensar unos segundos, me contestó: **«Que éramos como papeles sueltos y que hoy nos hemos unido con celo».** ¡Uau!, pensé, qué brillante capacidad tienen los críos de profundizar, de ver lo que hay detrás con tanta facilidad, de entenderlo tan bien y, encima, de explicármelo con una metáfora tan increíble. Y qué buen trabajo ha realizado Lídia, su monitora: sólo cuatro días y los niños de su grupo hoy se han unido con celo. Es decir, el trabajo en equipo, la empatía, el respeto y la cohesión del grupo estaban en marcha en sólo cuatro días. ¿Os imagináis lo que se puede conseguir después, durante las cuatro semanas restantes de campamento de verano?

Esto no significa que no habrá conflictos, ¡claro que no! **Los conflictos son naturales como mamíferos y seres sociales que somos** (los caballos también son animales sociales y se enfadan y se pelean entre ellos); simplemente significa que cuando éstos ocurran, sabemos que será mucho más sencillo resolverlos porque la estima y la empatía ya están presentes en el grupo, y a partir de aquí construir es más sencillo porque la tierra que tenemos debajo es firme, el puente se está construyendo sobre unos cimientos bien fijados que aguantarán la tormenta, lo cual no quiere decir que no se desate alguna tempestad de tanto en tanto. Debe haberlas y, además, es bueno que eso suceda.

Siempre enseñamos a los chiquillos que **no deben tener miedo al conflicto, sólo deben temer no contar con los recursos que necesitan para gestionarlo**. Y nuestra tarea como educadores (y más en un centro de formación de habilidades) es entrenarlos para que tengan las herramientas mínimas que los ayuden a resolverlos, como puede ser la comunicación positiva, la gestión del miedo (miedo al error, a lo que los otros piensen de ti, miedo de decepcionar, etc.), la gestión de la autoestima y de la empatía, conocer el respeto y el famosísimo e importante trabajo en equipo.

«Éramos como papeles sueltos y hoy nos hemos unido con celo», dijo Luc en referencia a su grupo, y lo traslado a la escuela. Cuando empiezan P-3, los niños no se conocen, no saben nada de las maestras o de los otros padres y madres (exactamente como en el campamento de Luc), pero ¿trabajamos todos con la intención de convertirnos, padres y maestros, en un gran equipo cohesionado para sumar, ya que tenemos muy claro que **nadie sabe tanto como todos juntos**? ¿O cada uno va a lo suyo? Demasiados padres sobreprotegiendo y desautorizando al profe, el maestro nadando solo y a contracorriente, intentando que sus alumnos crezcan siendo autónomos, y los niños y niñas, viendo la incoherencia de unos y otros, aprovechándose para hacer un poco lo que quieren. Y, lógicamente, **¡todos sufriendo y sintiéndose fatal!**

«Éramos como papeles sueltos y hoy nos hemos unido con celo» es la definición más bonita que conozco de la cohesión, una competencia que nos ayuda a generar vínculos, a sentir que pertenecemos a un grupo. ¿Cuántos de vosotros lleváis años trabajando con el mismo equipo de personas y aún no habéis sentido el celo por ninguna parte? Si os gustaría, ¿por qué no os convertís a partir de mañana en celo, en ser esa persona que pega y une a las demás que están a su alrededor?

«Éramos como papeles sueltos y hoy nos hemos unido con celo»... Traslado también las palabras de Luc al hogar familiar. ¿En casa sois un grupo cohesionado, capaz de trabajar en equipo? ¿O cada uno tiene su papel en cuanto a derechos y deberes? ¿Y los padres son siempre los responsables de casi todo, y los hijos los que han conseguido mágicamente la mayoría de los derechos desde que nacieron?

Tal vez para poder trabajar en equipo, primero debamos entender y saber qué es, ¿no? Suelo decir que **es muy difícil hacer una cosa cuando no sabes realmente lo que significa**.

El trabajo en equipo es un conjunto de personas que se afanan por conseguir un objetivo común. Y cuanto más claro y definido esté el objetivo, más sencillo será trabajar en equipo ya que permite a las personas que lo conforman orientarse directamente hacia la meta.

Una familia también es un equipo; de hecho, **es el mejor equipo del que podemos formar parte, ya que las metas**, crecer juntos o ser la mejor versión de uno mismo, por ejemplo, son objetivos dirigidos a sus miembros... ¿Y qué trabajo encontraremos donde todo un grupo tenga la misión principal de que tú o yo crezcamos como personas? Para trabajar en equipo hacen falta una serie de habilidades: la empatía, la comunicación positiva, el respeto, la confianza, la coordinación o la cooperación, por ejemplo.

¿Y para qué sirve el trabajo en equipo? A los niños siempre les digo que **«adonde yo no llego sola, en equipo sí»**, ya que un equipo sirve para que cada miembro (que, por cierto, es diferente, porque los clones ya sabemos que no existen) ponga todos sus talentos y sus habilidades al servicio del grupo para poder llegar juntos mucho más lejos. Muchas veces digo que «si tienes prisa, hazlo solo, pero si quieres hacer una cosa importante, hazla en equipo». Pues con la familia ocurre lo mismo: si queréis hacer algo notable en casa, necesitáis a todos los miembros, que padres, madres, hijas e hijos seáis el equipo más importante y trascendente del mundo. Juntos les insuflaréis una fuerza brutal y unas raíces profundas a los más jóvenes de la familia que les darán la firmeza necesaria para ir por la vida, para construir ese puente que somos cada uno de nosotros. Pero si no permitimos que ellos utilicen sus habilidades porque se lo hacemos todo nosotros, ¿cómo podrán formar parte activa del equipo? ¿Cómo podrán aportar sus talentos para conseguir el objetivo? ¿Sentirán que forman parte de él si no hacen casi nada? **Los miembros de un equipo han de ser activos ¡todos!, no pasivos**.

Hagamos un ejercicio para sentir la sobreprotección. Imaginaos que esto os pasara en el trabajo: tenéis un jefe majísimo y encantador, tanto que, preocupado por todo cuanto os pueda hacer padecer o suceder, cada mañana os responde los emails para que no os estreséis. Y además os contesta el teléfono (por si algún cliente os habla en un tono poco adecuado), y encima os corrige las faltas de ortografía (por aquello de que nadie pueda dudar de vuestra eficacia como empleado del año), y, por supuesto, soluciona vuestros errores con los clientes enfadados (no vaya a ser que peligre vuestra autoestima), y además os trae cada mañana el café, siempre pendiente de todo lo que necesitáis (incluso os pondría la chaqueta cuando considerara que la temperatura del despacho es demasiado baja). Y al acabar el día (cada día) os dijera que sois fantásticos. ¿Cómo os sentiríais? ¿Muy útiles?

Parece contradictorio, pero seguramente os sentiríais tontos y vacíos, a pesar de lo cuidadoso que vuestro jefe se muestra con vosotros, ¿verdad? Y posiblemente después os desanimaríais porque empezaríais a creer que no servís para nada, ni tan siquiera para abrigaros si hace frío. Y el amor incondicional de vuestro superior os empezaría a molestar y, al final, lo repudiaríais tanto que... ¿gritaríais? **¿Cuántas familias están haciendo exactamente lo mismo con sus hijos?** Estamos preparados para actuar, los humanos tenemos el privilegio de poder trabajar en equipo como ninguna otra especie lo ha conseguido, entonces ¿por qué no potenciarlo en casa?

Trabajar en equipo genera empatía, sentido de pertinencia y utilidad, satisfacción, orgullo, solidaridad, humildad y respeto... ¿Los estamos entrenando en casa? Una muchacha de 17 años, Cristina se llama, que vino con su clase de un ciclo formativo nos dijo: **«Una risa suena mejor en equipo»**, y la joven añadió que hasta aquel día no se había dado cuenta. ¡Cuánta razón tenía! No sé si vosotros lo habéis notado, pero qué bien suena reír juntos después de hacer un trabajo en común, como cuando montamos juntos un mueble de Ikea (quiero expresar aquí mi agradecimiento a esta compañía que, sin pretenderlo, ha sido capaz de que ¡miles de familias entrenen el trabajo en equipo!). Trabajar en equipo es seguir los pasos de la hoja de instrucciones, que cada uno realice una parte del montaje y morirse de risa cuando al acabar veamos que ¡irremediablemente nos sobran tornillos!

Si queréis saber cómo podemos entrenarlo, os digo una de las maneras más divertidas que conozco y que siempre funcionan: **¡jugando!** Explicad a los niños que sois un superequipo y estableced juntos las normas y los objetivos que queréis conseguir (cada uno que diga los suyos): mantener la casa limpia, que haya alegría por las tardes, que la nevera esté siempre llena, hacer un pastel cada domingo, que os ayudéis los unos a los otros, que papá y mamá no se enfaden, que cuando cenéis se apaguen la tele y los móviles porque será el rato de hablar, etc. Una vez escrito todo lo que queréis (da igual lo que sea, es un juego y todo vale si es positivo), lo importante será entrenar a los hijos en las habilidades que requerirá conseguir las metas del papel, todas ellas pertenecientes al grupo de las que se necesitan para trabajar en equipo. Y lo bueno de aprender todo esto es que no sólo lo utilizarán en casa, sino que también lo repetirán en la escuela o en el trabajo cuando sean mayores (porque cuando las has aprendido, **¡se te quedan para siempre!**).

Una prueba para observar vuestra situación como familia sería hacer un pastel juntos: ¿cómo escogéis si será de crema o de chocolate?, ¿quién hace la mezcla?, ¿quién decora?, ¿quién limpia?, ¿cómo se distribuyen los roles y quién los decide?, ¿cómo tomáis las decisiones cuando la cosa se tensa?, ¿quién se enfada primero? Apuntad todo lo que veáis en un papel porque así dispondréis de un punto de partida para entrenar aquellas habilidades que, como equipo, tenéis más débiles, y para daros cuenta de esas fortalezas que seguro que también poseéis. Haced después dos columnas; en una escribís lo que se puede mejorar y en la otra aquello que os hace funcionar, en lo que brilláis. **Y lo pri-**

mero de todo, ocupaos siempre de agrandar más lo que ya tenéis y os funciona, hacedlo inmenso y observaréis cómo el ánimo os acompañará para, poco a poco, lo que os quedaba por mejorar se acabe volviendo más y más pequeño.

Así pues, ¿os apetece jugar a no ser *papeles sueltos*?

16

La tiranía de la asignatura

Hijo, ¿cómo brillar si sólo sigues?

«Asignatura» etimológicamente significa «aquel que sigue», y parece que el sistema educativo trata de eso, de «seguir», seguir cada día, cada hora, cada minuto porque todo está programado para que lo sigamos sin perder el tiempo en otras cosas. Y nos educan para ir detrás hasta el punto de que nos **acostumbramos a necesitar que nos digan constantemente qué y cómo**, y con cada paso hacia el «seguir» nos alejamos de la creatividad, la nuestra, de la originalidad, la nuestra, y de la autenticidad de quienes somos, de nuestros talentos y habilidades. **¿Cómo podemos brillar si sólo seguimos?**

Tanto da quién seas y cómo seas, la asignatura es tirana porque es inalterable y de obligado cumplimiento; es decir, con independencia de lo que ocurra fuera de las paredes de la clase, allí está, esperándote para que transites por ella, sabiendo que, pase lo que pase dentro de tu corazón, no importa, toca eso y punto. Parece ser que alguien lo escribió en un largo documento que otros «alguien» certificaron con una reluciente firma, y después lo publicaron en un libro enorme y lo colgaron en las redes para que a nadie se le ocurriera **saltarse aquellas letras que te obligan a**

seguir siguiendo. No importa si es lógico, adaptable, funcional o práctico, no importa si tiene sentido o está obsoleto; es ley escrita y no se puede replantear porque aquellos «alguien» que lo firmaron dicen que, por una larga lista de motivos, no es posible cambiarlo. Por supuesto, en esa lista no aparece lo que los chicos y chicas necesitan desesperadamente.

Y así van pasando los días, los años, y aunque los corazones de muchos alumnos estén heridos y necesiten detener su caminar para al menos entender qué les está ocurriendo, y aunque precisen encontrar un espacio para aprender a curarse, ya sabéis, aquello de ponerte una tirita en la herida que te aligere un poco el dolor que sientes, no importa: la letra negra, tirana e inalterable te espera en el aula. Incluso con los años que lleva escrita, sigue sin entender que los que se la tienen que tragar son pequeñas almas que pocos escuchan y que necesitan como el aire que respiran que respetemos su naturaleza de niño.

¿Nos replanteamos **«aquello que hacemos seguir»** a nuestros hijos y alumnos, y reinventamos las asignaturas para que sean un medio **para conseguir brillar por fin**?

17

El objetivo del sistema educativo

Comprendo que el objetivo de cualquier sistema educativo es el de preparar a los niños y niñas para salir al mundo con los conocimientos y la actitud necesarios para vivir en sociedad, convirtiéndolos en personas que puedan aportar algo útil a la comunidad (aquello de sumar en vez de restar). Que además estén capacitados para seguir desarrollándose y creciendo por sí mismos, y que tengan los recursos suficientes para buscar su propio bienestar, sería ya un sueño. Y digo «sueño» porque eso aún no está pasando. Hoy por hoy, observo cómo **el sistema educativo se olvida de decirnos en qué brillamos**.

Como ejemplo, permitidme que os relate la anécdota que vivió Laura, la madre de Gael, un niño de 4 años que vino en verano. Éste fue el email que recibí:

> Fue el miércoles por la noche, a la hora de dormir, cuando en la cama le acababa de contar el cuento, y me dijo:
> **—Mamá, ¿sabes qué? En La Granja ya no tengo frío.**
> —¿Frío en La Granja, Gael? ¡Cómo quieres tener frío en La Granja si es verano!
> **—¡Nooo, mamááá, frío en el corazón!**

Y no pude hacer más que abrazarlo y besarlo hasta que me dijo que parara. «¡Me vas a romper!»

He pensado que no vale la pena indagar demasiado sobre qué le ha hecho sentir frío en el corazón, prefiero centrarme en lo que sí vale la pena, y es aprovechar este calor que le dais y nos dais, para este verano asegurarnos de seguir teniendo el corazón caliente.

No obstante, aunque no queramos indagar mucho, cualquier lector o lectora enseguida sabrá responder a esta pregunta: **¿cuántos días, en el colegio, sentiste que tenías frío el corazón?** Y, por cierto, ¿cómo sientes que tienes el corazón ahora?

Los grandes libros que recogen las leyes, los programas y los ordenamientos curriculares (la letra negra y tirana del capítulo anterior) hablan con frecuencia de libertad personal, de responsabilidad, de ciudadanía democrática, de respeto, de solidaridad y de tolerancia. Y últimamente se ha añadido la actitud emprendedora, la creatividad y la innovación.

Y siempre me pregunto lo mismo: **¿cómo podemos ser tan poco coherentes y honestos con los niños y niñas?** ¿Os habéis dado cuenta de que cuando se convierten en adolescentes ya ni nos creen? Hablamos de educar corazones, imprescindible si nos llenamos la boca de palabras como «libertad» y «solidaridad», **¡y un niño de tan sólo 4 años pone en jaque a todo el sistema diciéndonos que su corazón tiene frío!** Vamos a empezar a escucharlos, ¿o aún no?

Queremos que sean creativos, pero les tenemos cada minuto del día estructurado con lo que nosotros deseamos que hagan, sin indagar sobre qué necesitan realmente ellos y ellas, o qué les pide su curiosidad innata (que es una de las bases de la creatividad).

Hablamos de libertad mientras los sobreprotegemos hasta extremos inauditos convirtiéndolos en dependientes y débiles, y, por lo tanto, en prisioneros del inmenso territorio del temor. Y lo vemos todos los educadores, y nos quejamos, pero no se nos ocurre hacer algo o darles herramientas para que como mínimo estos niños y niñas puedan entender qué es lo que sienten por dentro y contrarrestarlo.

Hablamos de respeto (que significa que aquella persona es valiosa) mientras los tenemos ahí sentados durante horas, sabiendo con certeza que hace muchos minutos que dejaron de escucharnos mientras explicábamos la lección que tocaba aquel día... No tienen el suficiente valor para nosotros que nos haga detener el discurso y preguntarles: «Chicos, ¿qué pensáis de lo que os estoy explicando?».

Hablamos de tolerancia a la frustración a la vez que basamos el sistema en una sucesión de asignaturas tiranas e inflexibles que los obligan a seguir siguiendo, pase lo que pase, porque es lo que toca, y ni siquiera el maestro o profesor puede saltárselas.

Y si pensáis que los niños no se dan cuenta... ¡vais listos! Se ríen de los adultos mucho más de lo que podéis llegar a imaginar, como cuando Sergi, con sus rebeldes 14 años, me dijo: **«Sí, tal vez leamos peor que vosotros, pero seremos nosotros los que tendremos que arreglar esta mierda de mundo que nos estáis dejando».** Callé. En aquel momento no supe encontrar una respuesta (una de verdad, que fuera sincera), y lo que es peor: pensé que encima **no les estamos dando los recursos que necesitarán para arreglarlo**: fortaleza, decisión, ilusión, autoestima, empatía... Ya sabéis.

Todo lo que sé de educación emocional no me lo enseñó nadie de pequeña. Y lo encuentro tan tan injusto, porque me hubiera ahorrado muchos momentos incómodos y difíciles. Pero no puedo cambiar el pasado, sólo repararlo y entender cuán estúpido puede llegar a ser el comportamiento humano cuando ni siquiera nos damos cuenta de que estamos encerrados en nuestro caparazón, repleto de temor, de rabia o de lo que sea porque ha tomado el mando de nuestra vida. Y los caparazones se enfadan unos con otros, y hay enojo y celos en el ambiente, todos ponen el «Yo-Yo» por delante, y nadie se siente feliz.

Y todo esto es en parte responsabilidad de aquello que *alguien* decidió que se debía aprender cuando éramos pequeños, obviando que los alumnos y sus profesores tenemos un corazón que necesita que lo acaricien.

Recuerdo que cuando iba a la escuela me enseñaron el funcionamiento del aparato reproductor humano como mínimo cinco veces: en segundo de primaria, en sexto y octavo de EGB, en bachillerato y en COU. Estos conocimientos resultan interesantes en algunos momentos de tu vida: una o dos, tal vez tres veces, que son cuando te quedas embarazada. Pero, comparativamente, ¿cuántas veces sentirás temor en un día?, ¿o rabia y tristeza?... Es importante conocer el funcionamiento del cuerpo humano, pero ¿por qué olvidarnos del aparato de la mente y de las emociones, que son, al fin y al cabo, los que nos impulsan a hacer, a decir y a aprender? **¡Somos lo que sentimos cada segundo del día!** Y mientras el sistema educativo no lo contemple, nuestros alumnos seguirán viendo y viviendo nuestra incoherencia y deshonestidad. Y no nos quejemos después si los adolescentes también son contradictorios, pues será difícil evitarlo cuando esto te lo han enseñado día tras día.

Si el sistema educativo ha de tener algún objetivo, **su propia coherencia debería ser el primero**, ¿no? Y después ya nos ocuparemos de conseguir que los niños y jóvenes aprendan los conocimientos que necesitarán para ser competentes en la vida, y en especial, y si puede ser, aquellos que los **ayudarán a brillar**.

Educar para *hacer* es lo que hay, **y educar para *ser* es la utopía en la que creo** (ya que, además, evitaría que a los niños y niñas **les asustara *ser*,** e impediría también que sintieran ese frío sobrecogedor, como pasa ahora).

¿Nos atrevemos a luchar por un sistema que mantenga calientes los corazones?

18

Educación emocional en la escuela

HIJO, TANTO SI CREES QUE NO ES POSIBLE COMO SI CREES
QUE SÍ LO ES, EN AMBOS CASOS TIENES RAZÓN

Que se introduzca la educación emocional en la escuela es uno de mis sueños para alcanzar esa utopía de la que os hablaba, y opino que no es difícil. **Lo verdaderamente complejo es romper con las creencias limitadoras** y creedme cuando os digo que son muchas, aunque la mayoría inconscientes. Ya existen escuelas infantiles, colegios e institutos que lo están haciendo con éxito.

Como os podéis imaginar, en mi trabajo hablo de este tema con decenas de profesores, directores y coordinadores, y lo que más les interesa es saber cómo introducirlo, pero de una manera que funcione. Y de estos profesionales, actualmente se me acercan de dos tipos: **los que quieren** y, por lo tanto, encuentran motivos hasta debajo de las piedras, y **los que querrían pero no se atreven** y, por lo tanto, tienen un montón de buenas excusas y, encima, reales, que avalan su impedimento. De hecho, unos y otros viven las mismas circunstancias, la diferencia es simplemente que los que sí quieren ponen el coraje por encima de sus temores (porque enseñar educación emocional en la escuela aún es ir a contracorriente, y es habitual que a uno lo tachen de utópico o inocente iluso).

Me vienen a la cabeza un montón de casos de maestros que quieren hacer cambios, porque los que no ya no acostumbran a acercárseme (supongo que, al ver que no podían desanimarme, ¡me han dejado por imposible!).

Uno de los temores que más les hace sufrir a los que sí que quieren es éste: «**¿Y cómo puedo convencer a los que no quieren?**». Yo les contesto siempre lo que a mí me funcionó: «Olvídate de ellos, no intentes ni convencerlos; tú céntrate en dar herramientas y formación a los que sí quieren, porque los otros te desanimarán y te absorberán la energía, y la necesitarás toda para los niños y niñas, para los padres y madres y para los compañeros que sí que lo desean». Acostumbra a pasar que cuando los reticentes o incluso los contrarios ven que los alumnos de las aulas que «hacen estas cosas» cambian su comportamiento en clase, o mejoran incluso los resultados académicos, empiezan a preguntar tímidamente y a interesarse. Algunos me han llegado a decir: «¡Ah! Es que esto es diferente, no es lo que me imaginaba que era la educación emocional, porque en esto sí que creo». Cierto es que dentro de lo que se llama «educación emocional» hay un gran abanico de ideas, teorías y servicios que se ofrecen. No estoy en contra de nada (prefiero que se haga alguna cosa a quedarse de brazos cruzados), pero hay algo que sí pido siempre: si queréis enseñar algo a los niños, por favor, que sea serio, riguroso y de verdad, y lo menos teórico posible; es decir, buscad hacer algo práctico y vivencial porque los críos están hartos de los *rollos pataters*. Recordad también que el primer paso para trabajar las competencias emocionales es que uno mismo esté entrenado en *mirar y ver*, lo cual incluye, en primer lugar, autoconocimiento y, después, capacidad de escucharlos.

Cada año realizamos dos jornadas gratuitas para directores y jefes de estudios de escuelas e institutos, donde explicamos qué es la educación emocional y cómo se puede introducir en la escuela de una manera práctica y que funcione. Aprovechamos además para entrenarlos en *mirar y ver*, y en que experimenten por ellos mismos todo lo que se puede conseguir haciendo dos dinámicas (como el Circuito del Equilibrio o el Liderazgo con el caballo). Asimismo, con frecuencia les invito a que vengan con algún compañero «escéptico» porque es nuestra manera de medir hasta qué punto funciona lo que estamos haciendo. No os penséis que es un acto de masoquismo, es simplemente que el rigor y la autoexigencia son vitales para mí, y los que me conocen lo saben. No sé, ¡¡¡tal vez sean mis raíces germánicas!!! ☺

En todo caso, creo firmemente que **si lo que hacemos no es verdad, prefiero hacer otra cosa.** Encuentro una solemne tontería seguir haciendo algo que ves que no tiene resultados. ¿Para qué perder el tiempo? Vida sólo tenemos una, así que intento aprovecharla, y además ¡ya no tengo edad para malgastarla! Y por mucho trabajo que nos haya llevado construir una manera de trabajar, un método o unas actividades, y por muchas horas invertidas que haya detrás, si la cosa no funciona, ¿qué sentido tiene seguir haciéndola? **Desencadenarse es también una gran virtud**, y seguro que del error hemos aprendido un montón de aspectos que podremos aprovechar para los próximos proyectos. ¡En esto somos unos expertos en La Granja! Llevamos años equivocándonos y probando cosas diferentes, y la suerte que tenemos es que no se nos acaban ni el ánimo ni la paciencia para seguir intentándolo. Y al final, un día encuentras por fin una alternativa que sí te funciona para modular un comportamiento concreto. Y además acabas conociendo una larga lista de procesos que no dan resultado porque los has probado en tu propia piel, y a eso creo que se le llama... **¿sabiduría?**

Volviendo con las jornadas y con los recelosos, cuando ves que en la actividad con el caballo, por ejemplo, a algunos de ellos se les empieza a caer el pensamiento prefijado, porque literalmente es así, sus ojos se mueven de derecha a izquierda, abiertos, redondos, con cara de estupefacción, y se quedan sin palabras, como si su cabeza les funcionara a todo gas, enviando mensajes contradictorios que trataran de descifrar qué caray está sucediendo. Y observas como si su mente buscara un nuevo orden para clasificar y encontrar una explicación «lógica» a lo que han visto y sentido durante la dinámica. En esos momentos no puedo evitar sonreír por dentro y os confieso que me digo: «Otro en el saco». Muchas veces son éstos los que acaban convirtiéndose en los grandes apóstoles de la educación emocional. Pero ese día, en ese momento, ellos aún no han entendido que **no trabajamos con su rol, sino con la persona que hay detrás de esa etiqueta que llevan.** Y sí, en realidad todos somos muchas veces una persona escondida detrás de nuestro *cometido*, ese cargo que está escrito debajo de nuestro nombre en la tarjeta de visita. Tengo la sensación de que demasiadas veces estamos tan ocupados en tratar de convertirnos en ese rol que un día alguien nos impuso (director, abogado, profesor, cajero...) que nos olvidamos de ser nosotros mismos. Recordad que todos somos y sois mucho más que un cargo en una tarjeta. ¡No os dejéis enredar!

Lo cierto es que observo que hay personas que sólo pueden conectar con su *yo*, con quienes son por dentro (los de verdad, los auténticos) cuando alguien de fuera es capaz de contemplarlo. Y cuando pasa y los miras a los ojos con intensidad para que él o ella también se pueda percibir, siento la magia. Y, ¿sabéis?, siempre me gusta lo que veo, y advierto cómo la persona se da permiso para gustarse, aunque dure tan sólo los instantes en que nos mantenemos mutuamente la mirada. **Pero a veces un instante es suficiente**. Os aseguro que siempre siempre es fascinante ver lo que se esconde detrás un rol, y bonito, muy bonito. **Somos mucho mejores por dentro que por fuera, y ya toca empezar a darnos cuenta, ¿no creéis?**

Para mejorar estas jornadas, acabé diseñando el **Plan Formativo Sistémico de Educación Emocional para escuelas e institutos**. En él he plasmado cómo lo haría yo si tuviera que implantar en una escuela la educación emocional. Es demasiado largo y técnico para explicarlo en un capítulo, pero en resumen lo que hice fue dividir todas las competencias emocionales por ciclos, teniendo en cuenta el sistema que envuelve a un niño o una niña (la familia, por ejemplo), y la formación necesaria de los maestros y profesores para convertirlos en estadios de educador emocional (hay cinco estadios), para poder desarrollar el contenido con el «Método La Granja», ya que es el que tengo claro que garantiza los resultados pues es práctico y vivencial. El programa formativo de estadios de los profesores se basa en el que hemos creado y utilizamos en La Granja para formar a nuestros educadores emocionales, con lo cual puedo garantizar que el plan es viable. En noviembre de 2018 se evaluó científicamente el resultado de nuestro plan formativo por parte del GROP de la Universitat de Barcelona, demostrando unos resultados muy por encima de la media en los procesos formativos. Debo añadir que sólo expongo todo aquello que estoy segura de que funciona, y es así porque es real y se está llevando a la práctica (y está abierto para que todo el que quiera pueda observarlo. De hecho, tú puedes venir a verlo, sólo tienes que escribir un email a La Granja solicitándolo). En resumen, el plan puede ayudar a que lo que hacemos pueda reproducirse en otro contexto: una escuela, un instituto, una universidad... pero también en un club deportivo o un centro hospitalario.

Entender y entrenar la empatía y la conciencia emocional en educación infantil, seguir con la autonomía y la paciencia en el ciclo inicial, añadir el trabajo en equipo, la tolerancia a la frustración y la gestión de los conflictos en el ciclo medio, y continuar con la asertividad o el valor de las redes sociales en el ciclo superior se acerca a estar preparado para trabajar en la ESO el liderazgo, la proactividad, el compromiso y la fortaleza interior. Y todo ello con unos profesores que se convierten en mentores de los alumnos, y en el mejor soporte de las familias, pues juntos son el mejor equipo, y lo saben porque ya en P-3 se ha construido confianza entre ellos y son capaces de **escucharse unos a otros sin sentirse amenazados**.

A esto me refiero cuando hablamos de educación emocional en la escuela, de preparar a nuestros alumnos en todas aquellas habilidades sociales y personales que necesitarán, pero seamos consecuentes y antes que nada dispongámonos a hacerlo nosotros, los adultos que los hemos de acompañar y enseñar.

Curiosamente, cuando enseñamos a los niños y las niñas, éstos nos aleccionan a nosotros gracias a su enorme coherencia natural y a su facilidad para *mirar y ver*. Y su manera de ilustrarnos es tan potente, con esos famosos «zascas» que nos dejan planchados a todos, que permiten que lo que aprendemos de ellos se nos quede grabado, como cuando Jan, de 4 años, le soltó a su padre: **«Papá, estás sentado encima de la rabia, y eso no es nada bueno»**. Su padre me dijo: «¡Dios mío! Me quedé de piedra, era terrible y genial al mismo tiempo, no puedo quitármelo de la cabeza».

Seamos humildes y aprendamos los unos de los otros, y un día pasará: **los veremos caminar por la vida con seguridad, tanta que posiblemente se sentirán capaces de volar alto, allá arriba, donde habitan sus sueños.**

Vale la pena intentarlo, ¿verdad?

19

La convivencia en casa

Hijo, si tú no estás bien contigo mismo,
será muy difícil que lo estés con los demás

Hablar de la convivencia en casa cuando hay al menos dos adultos en ella tal vez no sea un tema que «toque» en un libro centrado en la educación de los hijos e hijas. Pero como ya habréis adivinado si habéis leído hasta aquí, acostumbro a pintar saliéndome de las rayas, aunque pienso que el tipo de convivencia de los adultos en el hogar marca el comportamiento de los hijos. No me gusta escribir sobre lo que no he vivido ni experimentado, así que no lo puedo hacer sobre las familias monoparentales, pero sí me gustaría hablar de la convivencia de la pareja, es decir, cuando hay al menos dos adultos viviendo en casa.

Durante los últimos años he aumentado las formaciones que hago con empresas (directivos, médicos, profesores, etc.). Son formaciones *outdoor* que generan un clima de mucha confianza y proximidad, y por algún motivo surge el tema de hablar de las parejas, o mejor dicho, de **la convivencia en casa con la pareja**. Noto que es un tema que genera muchas dudas y preguntas, pues ciertamente se requieren muchas herramientas y recursos para una buena convivencia en el hogar, y en ese clima de confianza creado me los demandan un poco a escondidas. Algunos, incluso, me preguntan abiertamente: «¿Y a ti cómo te ha ido?». Y noto su sorpresa cuando les digo que llevo treinta y dos años con mi pareja y que sigo enamorada. Y es entonces cuando alguien salta y pregunta: **«Pero ¿y eso cómo se hace?»**.

Cuando pasa esto me río. No sé, me hace gracia. Primero, porque tampoco sé muy bien cómo se hace, y no sé qué decir (mi trabajo se centra en la educación, no en la pareja). Y segundo, porque me sorprende la expectación que causa una cosa que considero lógica: **estar bien con quien convives**.

Debo ser sincera y deciros que no me había detenido demasiado a reflexionar sobre qué hemos hecho concretamente nosotros para que nuestra convivencia como pareja funcionara, y confieso que me da bastante vergüenza contar todo aquello que tenga algo que ver con lo personal; de hecho, ni en las redes sociales comparto asuntos privados. Pero he pensado que era una buena ocasión superar mis pudores en un libro sobre la valentía. Así que, revisando nuestra historia, aquí va lo que he encontrado, ¡por si os sirve de algo!

Aunque Xavi y yo nos conocíamos desde los 14 años de la pandilla de fines de semana del Montseny, fue a los 20 cuando nos enamoramos en una noche loca de fin de año. No estaba previsto, nada hacía pensar en ello, pero pasó. Y desde esa noche no nos hemos separado ni un solo día.

A los 20 yo ya tenía un histórico de *novios*, con más o menos impacto en mi corazón, así que ya sabía de qué iba el tema. ¿Y sabéis qué fue lo que más me sorprendió de él? Que todo era sorprendentemente fácil, no discutíamos y todo fluía sin hacer ningún esfuerzo. Estar a su lado era cómodo, sencillo, claro y seguro... ¡¡¡Nada que ver con mis ex!!! ☺

Sentía cada día su profundo respeto hacia mí, cómo le brillaban los ojos cuando me miraba, su manera única de cuidarme
(¡a mí y a todos!), su entrega y generosidad, su responsabilidad e
inmensa humildad... Y todo junto conseguía que lo admirara y
sólo quisiera estar a su lado.

Y todo sucedió de manera natural: nos casamos, nacieron
Alexandra y Sergi... y hasta ahora. Siento sinceramente que, con
él a mi lado, es imposible no ser feliz. Él me complementa, sigo
admirándolo profundamente y sé cuánto vale. Y lo más importante: tengo la certeza de que con él soy mejor, mucho mejor.

Creo que somos una pareja inteligente, es decir, aprovechamos las fortalezas de cada uno para que nuestra familia sea un
equipo; dicho de otro modo, cada uno de nosotros tiene muy claro que **nadie sabe tanto como todos juntos**, y lo aprovechamos.

Me preguntan si no nos discutimos nunca. Y siempre contesto
lo mismo: claro que sí, hemos pasado pequeñas crisis por tonterías, pero cuando hemos sido capaces de profundizar, al final nos
hemos dado cuenta de que la razón no era aquella bobada, sino
que **si tú no estás bien contigo mismo, es muy difícil estarlo con
los demás, especialmente con tu pareja**. Y si no sabes lo que quieres, tu vida (familiar o profesional) irá dando tumbos y te resultará complicado sentir equilibrio y bienestar.

Recuerdo una época en que los niños eran pequeños, los dos
trabajábamos un montón de horas (somos directores en nuestros
respectivos trabajos), y con la casa, los deberes, las extraescolares
y todo el follón empecé a quejarme de que él hablaba poco. Quiero decir que yo soy más de pensar y divagar sobre cosas digamos
«profundas», y él es más de callar y escuchar. Y en eso me centré,
como si el responsable de todo mi malestar fuera ese detalle en él,
hasta que me di cuenta de que estaba demasiado pendiente de lo

que no tenía, y no agradecía todo lo que sí me estaba dando, que era muchísimo más. Lo cierto es que la angustia que sentía por no llegar a todo era la causante de mi discurso: **«Si tú hicieras X, yo me sentiría mejor»**. Pero no es verdad, **todo empieza por ti**. En aquella época aún no me había formado mucho en todo esto de la educación emocional; como ya os he contado, a mí nadie me enseñó cómo funcionamos por dentro, ni las trampas de nuestro inconsciente, ni los trucos para salir de los autoengaños, así que estaba un poco a merced de lo que sentía.

Afortunadamente, los dos somos personas muy adaptables, muy tolerantes y positivas que se quieren y se respetan. Ayuda mucho que nos admiremos y nos sintamos orgullosos el uno del otro, lo que facilitó que fuéramos consiguiendo superar las pequeñas batallas del día a día.

El factor suerte de encontrar una pareja que te complemente probablemente existe, **pero saber escoger lo que a ti te conviene, también**. Y valorar a quien tienes al lado, estando más pendiente de lo que te gusta de él y no tanto de lo que no te complace, ayuda a mantener esa chispa que considero vital en una pareja.

A veces pienso... **¿podría vivir sin él?, ¿y él sin mí?** Este miedo, el de que las personas a las que queremos se vayan para siempre, es de esos temores que todos llevamos dentro, en silencio y a escondidas. Pero como sé que hemos de afrontar nuestros miedos, y procuro ser una buena alumna de lo que voy predicando, un día decidí que era necesaria una conversación familiar incómoda.

La empecé diciendo (delante de mis hijos, aprovechando un viaje en coche para asegurarme de que ninguno se pudiera escaquear): «Xavi, si un día me pasa algo, quiero que seas feliz. Desde donde esté me quedaré tranquila si rehaces tu vida. No quiero tampoco que además los niños sufran por tu tristeza si ésta es menos saludable de lo que tocaría». Le dije también que no me gustaría vivir sin él, de hecho, no querría que se fuera nunca de mi lado, pero que, si algún día hubiera de pasar, quería que supiera que podré soportarlo. Lógicamente sufriré mucho y lo echaré de menos cada día, pero también sé que lo acabaré superando. Y lo mismo les dije a mis hijos, que escuchaban en un silencio sepulcral desde el asiento de atrás: «Y si me pasa algo a mí, recordad que he hecho lo que tenía que hacer en mi vida, he sido afortunada porque siento que he absorbido todos mis días, les he sacado mucho jugo a la vez que me lo he pasado pipa. Y vosotros y el hombre de mi vida me habéis hecho muy muy feliz. **Os he educado para que seáis fuertes y podáis sostener todo lo que os suceda**. Os pido que, pase lo que pase, tanto si papá como yo nos vamos, continuéis siendo felices. Quiero que sepáis **que tenéis mi permiso para serlo**».

Mis hijos se aproximan ahora a esa edad de tener pareja, más o menos estable, pero hacia allí van. No sé si lo harán, pero si me preguntaran qué han de tener en cuenta para escoger una **pareja con la que la convivencia pueda funcionar**, sobre todo si han de tener hijos, les diría:

- Fíjate si cuando estás con él o con ella sientes que todo es fácil, que no es complicado.
- Te ayudará si buscas una persona que sonríe, que es alegre, positiva y con ilusiones, porque si algún día a ti te fallan las emociones positivas, te las contagiará. Pero no dependas de ese contagio siempre para estar bien, porque, si no, restarás y la persona acabará harta de ti porque le estarás robando su energía positiva (y al revés si eres tú la que sustenta el buen ánimo del otro).

- Busca sentirte cuidado o cuidada a su lado, y haz tú igual en la misma proporción, porque si en ello existe un desequilibrio, alguien se sentirá mal. Recuerda que hay muchas maneras de demostrar el amor: unos lo hacen bajando la basura, otros escribiendo poemas y regalando flores. No sé qué prefieres tú, pero antes de compararlo con la manera de otro u otra, conocer cómo somos y qué necesitamos es francamente interesante.

- Es importante que vuestros valores estén alineados, que vuestro concepto de familia sea parecido para evitar que cuando lleguen los hijos la cosa se complique.

- Si buscas la pareja perfecta, empieza primero a buscar tu propia perfección. Y si no la encuentras (lo cual es más que probable), no intentes que el otro sí lo sea. No busques en tu pareja lo que no encuentras en ti o cómo te has imaginado que debería ser ella en tu mundo ideal. Si tienes la necesidad de cambiarla, moldearla, adaptarla o hacerla a tu imagen y semejanza, pregúntate si es él o ella lo que realmente quieres. Dicen que la realidad supera la ficción, pues aquí también, así que no te quedes con una pareja de diseño; construye algo de verdad, pero con una persona real... y tal vez, sólo tal vez, la realidad supere tu expectativa.

- No te quejes, pon la atención en lo que sí te gusta de tu pareja, y cuando estés calmado, habla de cómo te has sentido en esa situación que no te ha gustado. Profundiza, ve a lo que hay detrás, a la razón primera, y olvídate de la anécdota porque posiblemente la dificultad no estará allí.

- Pon atención en observar si, cuando te ve, **se deshace**. Ya sabes, ese comportamiento de cuando alguien está tan enamorado que no puede evitar mirarte, seguirte con los ojos mientras caminas, mientras hablas, mientras sonríes... como si te quisiera absorber. ¡Es vital que se deshaga contigo para que la pasión de una pareja sobreviva al paso del tiempo!

- Recuerda siempre siempre que **tu felicidad depende primero de ti, después de las circunstancias y, por último, de los demás**.

Y después de todo esto sólo me queda deciros que sigáis vuestro instinto, porque lo sabréis: sabréis que es él o ella la persona ideal para acompañaros en la vida.

20

La pasión

La pasión, esa emoción enérgica e intensa que seguro que alguna vez habréis sentido, se suele definir como un sentimiento muy fuerte hacia una cosa, sea ésta una idea, un deporte, una persona o un tipo de objeto. Y hay dos tipos de pasión, la armoniosa y la obsesiva, aunque en esta ocasión yo sólo os hablaré de la positiva, que, como adivinaréis, es la armoniosa.

Tengo que reconocer que actualmente no detecto demasiados niños y jóvenes con pasión (un sistema educativo que mantiene los corazones fríos tampoco ayuda mucho), aunque, si os soy sincera, tampoco observo a muchos adultos apasionados. Imagino que la vida monótona y abarrotada de obligaciones **dificulta que la pasión se abra camino entre nosotros**, por más que sentirla nos ayude a estar más ilusionados y a enriquecernos la vida. Para mí la pasión nace de dentro, **es como si no la pudieras evitar**, pero, claro, si te pasas el día atento al reloj, ocupado haciendo y haciendo, sin tiempo ni espacio para pensar ni para conectar contigo misma, es difícil que surja, ¿no creéis?

A diferencia de la ilusión, de la que ya hemos hablado, la pasión nos hace sufrir un poquito ya que es tan grande la conexión que sentimos por lo que nos apasiona, que estar alejados de ello nos produce cierto malestar. No en vano, la etimología de la palabra «pasión» (del latín *patior*) significa «sufrir». Pero incluso así lo compensan el placer y goce que sentimos cuando estamos cerca de aquello que tanto nos entusiasma.

El surf es la gran pasión de mi hijo Sergi desde que lo descubrió con 13 años. Me habría gustado que sintiera pasión por las matemáticas, pero, en fin, lo suyo es deslizarse por las olas y sentirse libre ante la inmensidad del mar. Puede pasarse horas mirando el horizonte, literalmente abducido y sin que nadie pueda distraerlo lo más mínimo (no importa el frío, no importan las horas, no importa si es de día o de noche, no importa si ha comido o está en ayunas...). Siempre me dice que **allí se siente él**, y eso me gusta y me da tranquilidad. ¿Cuántos de nosotros no tenemos la suerte de tener un lugar, por pequeño que sea, **donde sentirnos por fin nosotros mismos**? Las olas entienden a Sergi, y él a ellas. Parecerá irracional, pero cuando los miro, juntos, es como si se hablaran. Lo cierto es que yo **prefiero que tenga una pasión**, la que sea, a que no tenga ninguna, porque sentir ese entusiasmo por algo te llena de deseo y te da mucha fuerza. Y porque cuando oigo hablar a una persona apasionada, me la contagia y me encanta la sensación que me produce porque me hace vibrar. Y porque, además, para mí la pasión **está muy relacionada con amar**. Y aunque sea amar una ola, cuán importante es vivir con el amor presente, y más cuando éste es tan intenso, ¿no os parece?

Einstein ya lo decía: **«No tengo ningún talento especial, simplemente soy apasionadamente curioso»**. Y gracias a esa pasión descubrió su talento (inmenso, por cierto). Creo que estamos haciendo las cosas al revés de como funcionamos los humanos por dentro. Él (Einstein) fue un fracaso escolar en toda regla y, mira por dónde, dentro llevaba escondida a una de las mentes más brillantes que ha producido la humanidad. Pero nadie se dio cuenta, ni siquiera él mismo, hasta que fue adulto. **¿Cuánto talento estamos despreciando cada día en nuestras aulas?** ¿Cuánto queda inhibido, eclipsado y disipado en nombre del mal comportamiento, de no seguir unas reglas del juego que no contemplan ni la pasión por aprender, ni la curiosidad innata y natural que tienen los niños y niñas?

¡Ojalá todos sintiéramos pasión, porque el mundo sería más intenso, más vivo y creativo!

No me imagino mi vida profesional sin pasión; de hecho, sin ella La Granja no estaría haciendo lo que hace, ni yo tampoco. Habríamos acabado haciendo lo que «toca», estoy segura, dentro de la monotonía establecida de repetir lo de siempre. Pero cuando amas a lo que te dedicas, te atreves a formularte preguntas como la siguiente: «**¿Por qué hacemos esto de esta manera y no probamos algo diferente?**». Y pienso que es entonces cuando la pasión hace acto de presencia, como si quisiera ayudarte a experimentar y a probar, incluso es ella la que se atreve a convencer a los demás. Y si le permites intervenir, dejarla que te acompañe, de pronto empiezas a ir a trabajar sintiendo que no trabajas. Y aunque pases un montón de horas en la oficina, estás contenta y te sientes agradecida. Con la pasión a tu lado es difícil no sentir ilusión, esperanza y alegría.

No siempre todo es de color de rosa, y confieso que a lo largo de los años he sufrido en carne propia a esas personas que van apareciendo con el firme propósito de *desmotivarte*, de *desapasionarte*. Hablo de las que te miran como si fueras una ilusa, o peor, alguien rarita por sentir entusiasmo. Decía Dante Alighieri que

«La pasión no puede entenderla quien no la experimenta», ¡cuánta razón tenía! El poder que tiene la pasión era del todo desconocido para mí porque, repito, nadie me enseñó *estas cosas* de pequeña, así que fue ella inconscientemente la que me ayudó a no rendirme jamás, a no sucumbir para volver a hacer lo de siempre, lo que se suponía que era correcto, o lo que *tocaba* en aquella época en que la educación emocional era una gran desconocida. Pero pude soportar las miradas y los comentarios a mis espaldas. Me doy cuenta, años después, de que **si amas lo que haces y, sobre todo, si tiene sentido para ti**, los problemas se ven y se viven de otra manera, no sé, como con más optimismo, como si tuvieras la esperanza pegada por dentro de la piel, esa que te hace pensar que antes o después aquello cambiará a mejor. Y todo ello permite que tu actitud sea habitualmente más serena y puedas superar los comentarios en contra. Y poco a poco te vas rodeando de personas apasionadas, provocando que esa especie de locura se extienda y se convierta en **un estado de ánimo natural en el trabajo, ¡por fin!**

Hace poco vino a verme una persona que había trabajado en La Granja durante bastante tiempo, y que hacía más de ocho años que no veía. Era de las que antaño me miraban extrañadas, de las que no lograban entender mi entusiasmo ni mi optimismo e ilusión. Recuerdo que casi siempre conseguía desapasionarme, contagiarme su visión negativa de que «la vida es dura», además de hacerme sentir diferente, ilusa y rarita, y, como consecuencia de ello, insegura. Como os decía, estuvimos hablando un rato y vi que estaba muy sorprendida por todo lo que estábamos haciendo y consiguiendo profesionalmente. Y, curiosamente, ¿sabéis lo que me preguntó? **«¿Cómo lo hiciste?»** Sí, ésa fue su única pregunta. No pude evitar sonreír por dentro mientras un flash de imágenes de momentos vividos asaltaba mi mente. No eran precisamente las ocasiones agradables, sino más bien las piedras en el camino que ella, de manera consciente o inconsciente, se ocupó de ponerme delante. Después de esos microsegundos pude responderle con lo único que me salió, dos simples palabras: **«Con pasión»**. Aunque, por la cara que puso, ¡creo que se fue sin entender muy bien su significado!

Nos gusta y necesitamos estar rodeados de pasión (y, por eso mismo, estar lo más lejos posible de los negativos, los quejicas, los susceptibles de piel fina y los desmotivados). Creo sinceramente que el mundo (y los hogares) necesitan personas apasionadas, que amen lo que hacen y que encuentren un sentido a su trabajo, un sentido que a ser posible sea más grande que ellos mismos. Eso sí que mueve el mundo y nos encanta a todos. Así que tengo una pregunta para vosotros: **¿Querríais ser una de esas personas?»** ☺

Si vuestra respuesta es «¡sí!», os propongo un ejercicio. Escribid en un papel qué os apasiona, ¡seguro que hay alguna cosa! Buscadla y escribidla para que no se os olvide. Ahora repetid la misma pregunta a todos los miembros de vuestra familia, y luego escribid sus respuestas. Si no saben qué contestar **aún**, no pasa nada, decidles que esperaréis. Seguid preguntándoselo cada quince días, ¡a ver si al final dan con algo que les haga vibrar! Y cada vez que alguno de vosotros esté desanimado, sacad el papel y dejad que lo lea. ☺

21

Educar en la derrota

HIJO, EN TI LA DERROTA NUNCA SERÁ PERMANENTE
PORQUE TE ESTOY ENTRENANDO PARA SUPERARLA

No hace mucho me di cuenta de un pequeño detalle, y lo quiero compartir con vosotros por aquello de averiguar si también lo veis como yo: ¿os habéis dado cuenta de que estamos **educando a nuestros hijos e hijas para ser ganadores, sólo ganadores**? Quiero decir que los formamos supuestamente pensando en que no perderán ninguna de sus batallas diarias, motivo por el cual es como si no hiciera falta que tuvieran ninguna habilidad a mano para cuando pierdan. Hablo de habilidades como la paciencia, que es fantástica para ayudarnos a que sigamos insistiendo, o de la automotivación, aquella que nos permite no desanimarnos porque busca dentro de ti encontrar nuevos motivos. Hablo también de la tolerancia a la frustración, que es la que evita que nos enfademos o abandonemos, o del optimismo, esa maravillosa actitud que consigue generarnos esperanza aun cuando las circunstancias son poco halagüeñas.

Parece que los eduquemos para estar allí arriba, en su mundo ideal, con todo lo que quieren, en su particular cielo del éxito, y nos olvidamos de que también necesitan habilidades o competencias emocionales para cuando estén viviendo el fracaso, porque cuando éste llega (y algún día eso pasará) con él no vale disimular, y mucho menos abandonar o enrabietarse. Cuando aparece en nuestra vida esa especie de pequeño desastre, **sólo sirve la valentía para afrontarlo**, para levantarse y seguir intentándolo, aunque sea de una manera diferente, haciendo otras cosas para ver si esta vez sí nos funcionan.

Cuando estoy con los niños veo hora tras hora cómo se rinden ante la más mínima frustración, sin ninguna herramienta disponible en sus manos para luchar en el momento en que uno está ahí abajo, desanimado y abatido... ¡y lo pasan tan mal!

Recuerdo a un jovencito que se llamaba Paul, tenía 12 años y vino con su clase de primero de ESO para hacer una excursión que se llama Somos una Clase, Somos un Equipo. Era un muchacho rubio, alto y atlético, bastante competitivo y muy acelerado, pero muy inteligente y con una alta capacidad para «darse cuenta de las cosas» si se le reflejaba su comportamiento de manera visual y vivencial y utilizando la metáfora (¡qué bien funcionan las metáforas con los chicos!). En cuanto bajó del autocar me preguntó su primer «qué haremos después». Recuerdo que en su quinto «qué haremos después» le contesté: «Cinco». Él, sorprendido, me preguntó: «¿Cinco qué?», a lo que yo le respondí: «Paul, cinco son las veces que me has preguntado qué haremos después». Le sonreí y le invité a que disfrutara de lo que estaba pasando en ese instante, obviando pensar en el futuro, en lo que aún estaba por suceder. Lo que siguió, durante las actividades, no fue más que un acelerador de lo que ocurre en su día a día, pues las dinámicas están diseñadas para aumentar, como si de una lupa se tratara, los comportamientos y actitudes de las personas, y ante la evidencia, que los chavales se den cuenta, es decir, que hagan consciente lo que a diario hacen inconscientemente. Para Paul, eso de perder no iba con él, más bien diría que no lo soportaba. Cuando su equipo no conseguía el reto, él respondía con dos actitudes: o bien se enfadaba (echando la culpa a los demás o alegando que el otro equipo había hecho trampas), o bien abandonaba el juego (entonces argumentaba que era imposible conseguirlo en sólo siete minutos). Y eso pasó: creyendo que no era posible, abandonó a sus compañeros de actividad y se sentó enfadado e indignado bajo un árbol. Pero éstos no lo escucharon y siguieron intentándolo, hasta que a la cuarta tentativa, *voilà*, en seis minutos y diez segundos lo lograron. No hubo trampas, sólo organización, comunicación positiva, silencio para escucharse y una estrategia bien definida; resumiendo, **hubo un verdadero trabajo en equipo**. La alegría del grupo fue vibrante y emocionante (¡no sé si habéis visto alguna vez a veintiún chavales, con su energía y vitalidad desbordantes, explotar de orgullo! Para mí es de esos momentos que hacen **que te encante tu trabajo**).

Por supuesto, la cabeza de Paul parecía que le iba a explotar, gacha, sin entender nada, firmemente convencido de que era imposible lograr ese reto en siete minutos (a eso se le llama técnicamente «romper una creencia limitadora», y aquí, si se trabaja bien, empieza el cambio de tu mapa mental). Su actitud se transformó de una manera radical, creo que no se perdonaba haber fallado a su grupo debido a su poco autocontrol emocional. Como os decía, era muy inteligente y escuchó el *feedback* con tal atención que logró impresionarme (pocas veces he visto un cambio de comportamiento tan rápido). Antes de irse le hice la pregunta que siempre les hago a todos los alumnos: «¿Qué te llevas de hoy?», y Paul me contestó: **«Hoy he aprendido que no tengo paciencia, y que por eso me frustro. No me gusta y quiero cambiarlo».**

Paul, como muchos jóvenes, aún no sabe lo que los adultos tenemos claro (normalmente a través de la experiencia), que cuando conoces el cielo, donde todo es fantástico, cómodo y perfecto, se está muy a gustito allí arriba y no tienes ningunas ganas de descender ni un solo peldaño. Pero cuando caemos en lo que puede suponer nuestro particular infierno debido a un fracaso (sea éste personal o profesional), se te hace insoportable porque en ti está demasiado presente lo que ya no tienes, lo que perdiste. Y te echas las culpas, o lo que es peor, se las echas a los demás. El **aferrarte a esos recuerdos de lo malogrado,** de lo que ya no tienes o de lo que ya no eres, parece que te aproxima a ese cielo perdido, lo que te provoca aún más tristeza y desencanto. Y eso es justamente lo que pasa, que cuanto más miras arriba, más te cuesta entender que estás tirado en el suelo, y el primer paso que deberíamos dar es dejar de mirar las alturas para dedicar tu esfuerzo y tu atención a observar la tierra dura y seca que parece envolverte, y buscar ánimo donde sea para levantarte de nuevo.

En esos momentos tal vez te ayudará recordar que, si alguna vez tocaste el cielo del bienestar, seguramente seas capaz de volver a subir, porque, en definitiva, el camino para llegar ya lo conoces, ¿no? Probablemente te pueda servir la ilusión, el optimismo, tu creatividad o tu paciencia. Da igual, sea lo que sea lo que te funcionó la primera vez, cógelo y repítelo (¡tanto como puedas!). Y aquello en lo que erraste o que comprendiste que fueron equivocaciones, tenlo presente para que, en la medida de lo posible, no vuelva a suceder.

Como padres y madres, **eduquémoslos también** teniendo en cuenta que alguna vez serán perdedores, porque, como le ocurrió a Paul, les ayudará a valorar más las cosas cuando estén bien, serán más agradecidos y **no darán las cosas por supuestas.**

Entonces **¿cómo educar para cuando pierdan?** El primer paso es no sobreprotegerlos, ya sabéis, hemos hablado en los otros capítulos extensamente de ello (no hagas nada que pueda hacer él o ella). El segundo es volverlos fuertes y seguros, y aquí el amor incondicional es el que más frutos os dará (recordad, «seas quien seas y como seas, siempre te querré». Amamos a nuestro hijo, no a nuestro proyecto de hijo). El tercer paso es atreveros a que viva experiencias donde pueda ser o demostrarse que es valiente (campamentos de verano, deporte de competición a partir de cierta edad, no tanto para ganar o ser el mejor, como para aprender). Y el cuarto es **entrenar de manera intencionada la paciencia**, porque es la principal habilidad que debemos tener integrada para tolerar la frustración (es decir, saber esperar sin cambiar tu estado de ánimo). ¿Cómo? Es muy fácil, ¡esperando! Cuando vayas al supermercado con tus hijos, haz la cola más larga para pagar, y cuando tus pequeños te pregunten por qué, diles de la manera más natural del mundo y con una sonrisa sincera: **«Es que estoy entrenando la paciencia, así me ayudará a tolerar mejor mi frustración»**, pondrán cara de sorpresa, pero aprenderán una buena lección. Y cuando os pidan un juguete, decidles que tendrán que esperar a su santo o su cumpleaños.

En resumen, se trataría de aprovechar cualquier oportunidad para simplemente esperar, pero sin cambiar nuestro estado de ánimo (confieso que lo del súper lo practico cada vez que siento que quiero tener más paciencia, ¡y me funciona!).

No tengamos un Paul en casa, eduquemos a nuestros hijos e hijas también en el fracaso porque les dará la fuerza y los recursos necesarios para resurgir, pues **sabrán que la derrota nunca es permanente cuando te han entrenado para superarla.**

22

Espero de ti...

HIJO, ESPERO DE TI QUE ALGÚN DÍA TE ATREVAS A SER TÚ

Hoy en día, los niños y niñas son los grandes protagonistas del hogar, y los que ocupan la mayor parte de nuestros pensamientos y preocupaciones. Esos pequeños a quienes, como a nosotros, educamos porque nos educaron para ser **aquello que se esperaba de nosotros** tanto en la escuela como en casa.

Como ya he mencionado en capítulos anteriores, todo está programado para cumplir con el plan de vida marcado cuidadosamente incluso antes de nacer (buen nivel de inglés y de mates, danza para un cuerpo esbelto, fútbol o básquet para destacar en algo). Porque, al fin y al cabo, ¿quién no desea **que nuestro hijo o hija destaque respecto del resto**?

Lo cierto es que seguir dócilmente el programa de vida les da, como a nosotros nos lo dio en su día, confianza y seguridad, nos asegura tranquilidad y sobre todo sentir el derecho de ser aceptados, incluso de ser queridos. Y mientras todo eso va pasando, a veces los padres y madres nos olvidamos de mirarlos a los ojos y descubrir quiénes son, vislumbrar sus talentos escondidos, explorar qué quieren y qué necesitan ellos, no nosotros. Educar para **llenar** en vez de para **vaciar** (vaciarse de ser ellos mismos, quiero decir) tal vez sea **el mejor regalo** que les podemos ofrecer, ¿no creéis?

Os propongo que cambiemos un mensaje, del «te mereces el regalo por ser bueno/buena, o por aprobar» (es decir, por seguir el camino marcado o encarrilado, como dice mi hijo) a **«espero de ti»**.

¿Qué os parece si empezamos a dejar claro qué esperamos realmente de nuestros vástagos? Podemos hacer un juego: escribidles una carta y escondedla debajo de su almohada, para que antes de ir a dormir la lean y tengan claro qué es lo que esperamos de ellos y de ellas. Por ejemplo, podría ser algo así: «**Espero de ti** que cada día te parezcas más a ti mismo, a aquel que quieres ser. **Espero también** que cuides a los otros en la misma proporción que los demás te cuidamos. **Espero de ti** que descubras cuáles son tus talentos, esos que te hacen único y especial, porque serán ellos los que te ayudarán a sentirte capaz de caminar con paso firme por la vida. Y sobre todo, pase lo que pase, **espero de ti** que **nunca nunca te olvides de seguir soñando**».

Amigos y amigas, que la ilusión que los niños y las niñas contagian nos acompañe, y que las sonrisas y las miradas de alegría se prolonguen durante meses, porque nuestros pequeños sabrán por fin **¡qué se espera de ellos!**

23

Las fórmulas para educar ¿funcionan?

Hijo, te miro para entenderte, no para juzgarte
ni para catalogarte

Un editor de una importante editorial de este país me sugirió hacer un libro tipo fórmula, ya sabéis, de esos que empiezan prometiendo: los 10 pasos para hacer de tu hijo un valiente, las 7 claves para que tu hijo no se enganche a los videojuegos, etc. Me decía que eran los que más se vendían, e imagino que presuponía que debía de ser porque funcionaban, es decir, haciendo el paso 1 más los pasos 2 y 3 uno acababa consiguiendo que los hijos fueran aquello que el título proclamaba. Él no era padre, así que, en mi opinión, su ignorancia tenía cierto perdón... porque los que somos papás y mamás sabemos que un niño o una niña no es una fórmula, y que educando 1 más 2, casi nunca da 3, básicamente porque somos como ovillos de lana conectados los unos a los otros, en una especie de red entrelazada infinita que dificulta o imposibilita que seamos sólo nosotros los que influimos en nuestros pequeños. Recordad que desde que se levantan hasta que se acuestan están aprendiendo (y entrenando) un montón de cosas, y todo influye.

Pero qué bien funciona el autoengaño, ¿verdad? Cómo nos gusta a los humanos recortar las distancias con atajos, evitar esfuerzos y hacerlo todo más cómodo, tal y como me dijo el físico Wagensberg:[9] **«La masa, entre hacer y no hacer, opta por no hacer»**. Pues sí. El ahorro energético está tan intrínsecamente ligado a nuestra psique, que compramos una y otra vez aquellas pastillas que adelgazan *por si* esta vez funcionan (y no hemos de sufrir lo indecible para sacarnos de encima los dichosos tres kilos), y por el mismo motivo buscamos títulos seductores para que en 3 pasos funcione la anhelada fórmula mágica y nuestro vástago se comporte de una manera diferente. Y, mientras, nuestros pequeños van aprendiendo con nuestro ejemplo (o con el de la sociedad, donde lo barato, rápido y fácil es lo bueno). Pero cuando nuestros adolescentes repiten este comportamiento (buscar atajos, el camino fácil o hacer el mínimo esfuerzo), no nos gusta nada o, mejor dicho, ¡nos sacan literalmente de nuestras casillas! Y una vez más, los únicos coherentes aquí son nuestros muchachos, que aprenden de lo que ven.

A veces estamos tan pendientes de que nos lo solucionen todo desde fuera que nos olvidamos de que tenemos algo mágico dentro, unas herramientas que sí funcionan, y en todo momento. Se llaman **sentido común** y **voluntad**, y las tenemos todos y cada uno de los humanos que habitamos la Tierra, en mayor o menor medida, pero las tenemos. Son precisamente estas dos, la voluntad y el sentido común, las que nos ayudan a empezar a movernos con cierta lógica, y conseguir que la masa empiece a hacer cosas. Y cuanto más las entrenemos, ¡mejor se moverá la masa! En mi opinión, a veces deberíamos dejar de marear la perdiz e ir al grano. Y el grano es ir a lo importante, **al quid de la cuestión**. Los niños y las niñas crecen tan rápido que es mejor no despistarnos por si acaso, que luego todo cuesta más porque los chavales han de desaprender lo mal aprendido, y eso da bastante trabajo.

Siguiendo con la historia del editor, decidí que no podía publicar con alguien que no entiende el fondo, la mirada de lo que quiero transmitir con estas páginas escritas que estás leyendo.

Lo que quiero explicar en este capítulo es algo importante, el quid de la cuestión. Y es que un niño, una niña, **es un mundo entero, literalmente**. Cada uno de ellos es un universo único, especial y diferente. No hay ningún niño o niña iguales, ¿os habéis fijado? Nadie camina, sonríe o piensa como tu hijo o tu hija, nadie tiene sus ojos, sus labios ni sus manos. Tal vez sea por eso que nos empeñamos en clasificarlo todo, en una especie de desesperación casi enfermiza porque creemos que así **¿lograremos entenderlos?** Y todo es muchísimo más sencillo, porque mientras los miramos para catalogar y encasillar, **no lo hacemos para entender lo que hay ahí dentro**. Y si lo que os preocupa es querer comprenderlos, haced una cosa, sólo una: dejaos llevar mientras los miráis a los ojos y jugáis a descubrir lo que esconden. Os aseguro que, si observáis con esa intención, los niños os abrirán las puertas de su universo porque sabrán que seréis capaces de ver su paisaje (el suyo, no el que vosotros queréis para ellos), con océanos inmensos tal vez, con montañas repletas de helados, con pájaros voladores de mil colores o con ríos rebosantes de peces. ¿Qué nos impide descubrir su mundo, el tamaño de sus montañas, la longitud de sus ríos o los colores de sus nubes? Hablo de **descubrir para entender y conocer**, no para juzgar, no para decidir si te gusta o no la forma de sus montañas y el color de sus nubes. Él es él, ella es ella, ése es su mundo, ése es su paisaje. ¿Conoces algún paisaje que no cause admiración? Tal vez te guste más la montaña que el desierto, pero ¿me negarás que un atardecer en el desierto es lo más parecido a vivir la magia en estado puro?

No digo que las fórmulas para educar no sirvan de nada, tengo claro que ayudan mucho para trabajar aspectos concretos, para entender y clasificar, para conocer cómo funcionamos por dentro; yo misma publiqué el *Emocuaderno*,[9] una guía práctica con juegos y dinámicas para hacer en casa y entrenar competencias como la autoestima, la gestión del miedo o la autonomía. Pero de nada sirve entrenar aspectos concretos si no se entiende la base, **la esencia de lo que es una criatura** y cuál es nuestro papel de padre, madre y educador. A veces los árboles no nos dejan ver el bosque, y eso es lo que hacemos cuando ponemos una fórmula o *algo que mide* por delante de quién es nuestro hijo o hija. Son más, mucho más, ¡os lo aseguro!

Creo que nuestro papel como padres, como madres, como profesores y como educadores es, primero, entender quién tenemos delante, ésa debería ser nuestra misión primordial. **No pretendáis educar a alguien de quien no sabéis prácticamente nada**, porque los niños lo notan, lo saben desde el minuto cero y difícilmente os abrirán sus puertas. Lamentablemente, confieso que hoy en día no abundan los padres y madres que conocen de verdad a sus hijos e hijas... ¡Que eso no os pase a vosotros!, porque, de verdad, cuando conseguís entrar, ver y entender quiénes son (cuando os olvidáis por un rato de los árboles para ver ese bosque), siempre, siempre os sorprenden (y en positivo).

Vale la pena **coger esa voluntad** y ese **sentido común** que tenemos los humanos para luchar contra las ocupaciones y la aceleración del día a día, contra esa especie de corriente que te lleva arriba y abajo, buscando atajos o una solución desde fuera, para **recuperar el timón y decidir cómo quieres que sea tu hogar**: ¿qué estado de ánimo quieres que predomine?, **¿a qué emoción quieres que huela tu casa?**, ¿qué actitud y comportamiento serán los aceptados?, ¿cuáles serán las obligaciones y los límites?, ¿cómo se trabajará en equipo?, ¿qué espacios habrá para hablar, para contar historias, para conoceros?, ¿cuándo el humor será el ingrediente principal?, ¿cómo conseguiréis cambiar *el miedo al conflicto* por *tener herramientas para gestionar un conflicto*?... Sólo tú puedes decidir cómo quieres que sea tu hogar, y no sé **si lo que haces cada día te acerca o te aleja de eso que deseas que sea tu casa.** En todo caso, contestar estas preguntas te puede ayudar a conseguir que ese lugar donde dormís cada noche se transforme en un espacio donde poder ser tú mismo esté bien visto y sea posible.

¡¡¡Ah!!!, por cierto, ¡no es dejéis engatusar por las portadas! No compréis humo, **es mejor la verdad, como aquella que hay dentro de cada criatura y que, además, es muchísimo más útil.** ☺

24

Padres desesperados

HIJO, EN ESTA CASA REPARAMOS LOS ERRORES,
NO CASTIGAMOS LOS HECHOS

Podría afirmar que, por regla general, mi trabajo es una gran sucesión de anécdotas, trabajar con niños y niñas comporta que cada día sea una verdadera aventura, donde la improvisación, la creatividad y la mente abierta son tus compañeras de trabajo si quieres conectar con los chavales. Hay anécdotas divertidísimas, otras que te hacen pensar profundamente, también las hay que te sacuden por dentro cual saco de boxeo, y las hay que hacen que te des cuenta de la realidad, de lo que está pasando en la actualidad.

Recuerdo que este verano, en los campamentos que hacemos en julio, un padre majísimo se me acercó y me dijo: **«Tengo dos carreras universitarias, una empresa con cincuenta trabajadores, a los que, por cierto, gestiono sin muchas dificultades, y me siento incapaz de controlar a mi hijo de tan sólo 4 años».**

Estaba absolutamente desesperado y sé que buscaba una respuesta, una fórmula, que alguien le explicara aquello que él no conseguía entender, a pesar de su extensa formación académica y su exitosa trayectoria profesional.

Y, ¿sabéis qué?, cada día veo más padres y madres perdidos,

desorientados, que no comprenden por qué su pequeñín que apenas les llega a la cintura no les hace caso, o los cuestiona, o directamente los dirige, o llora infatigable sin atender a razones hasta conseguir lo que quiere, incluso tras unas explicaciones pacientes y diligentes por parte de sus atentos padres.

Como he comentado en un capítulo anterior, obsesionarnos en ser progenitores perfectos es uno de los motivos, pues el miedo a cometer un pequeño error nos genera un sentimiento de culpabilidad e inseguridad, y los críos se dan cuenta y se aprovechan con astucia (también los que no levantan dos palmos del suelo).

Otra de las razones es esta especie de secuestro de la infancia en el que viven muchos niños y niñas, y del que también he hablado en capítulos anteriores, con currículos académicos exigentes, agendas repletas y estresantes en medio de un ambiente acelerado donde todo el mundo, **siempre**, tiene prisa. Todo ello suele provocarles ansiedad y un estrés que acaban repercutiendo en su comportamiento y en su actitud. No nos olvidemos de lo que necesitan realmente nuestros hijos pequeños, que es jugar, reírse (si puede ser, con sus padres mejor) y tiempo para relajarse, para investigar y para probar.

Cuando me llega uno de estos padres «desesperados», lo primero que le digo es: **«¡Relájate!** Respira tranquilo, nada grave sucederá por pararte un rato a pensar y más si aprovechas para tomar decisiones inteligentes, coherentes y, sobre todo, con una buena estrategia, porque los niños y las niñas son muy listos y es importante que nosotros lo seamos un poquito más que ellos» (es decir, que seamos nosotros los que tengamos el control y que los «veamos venir»).

Lo segundo que le comento es que su hijo o hija no es de cristal; por lo tanto, **no se va a romper**; **no lo tratemos con tanto cui-**

dado y no temamos herirle por una supuesta torpeza nuestra como padre o madre; los críos son más fuertes de lo que creemos, así que calma, porque se dan cuenta enseguida de nuestro estado de nervios (y tienen un sexto sentido para aprovecharse de nuestras debilidades). Recordad, asimismo, que si los tratamos con tanto cuidado, **acabarán creyéndose que son delicados** y, en consecuencia, no soportarán no conseguir lo que quieren en cada momento.

Así pues, si queréis, os invito a hacer algunas cosillas para que os montéis una buena estrategia que consiga mejorar el clima en el hogar y, sobre todo, que tengáis vosotros el control de la situación.

La **primera idea** es que decidáis **qué ambiente deseáis tener en casa**. Sentaos tranquilamente con papel y lápiz y escribid cuál es el comportamiento y la actitud que queréis que tengan todos los miembros del hogar, padres e hijos incluidos (en el capítulo anterior tenéis algunas preguntas que os ayudarán, respondedlas de manera sincera y meditada y veréis que poco a poco os iréis acercando a vuestro sueño de familia... ¡al menos sobre el papel! Pero os aseguro que es el primer paso para tener las cosas claras ☺). Lo siguiente sería compartirlo con los niños y preguntar su opinión por si pueden mejorar la lista con sus aportaciones (al fin y al cabo, sois un equipo, ¿no?).

La **segunda idea** es que hagáis **un cambio de mirada**; dicho de otro modo: cuando observéis a vuestro pequeño o pequeña, intentad ver en él o ella **toda su fortaleza, toda su resistencia, toda su vitalidad** y su energía, y así, cuando os mire, las verá reflejadas en vuestros ojos. Si hacéis lo contrario, es decir, si cuando lo miráis veis en él o ella su fragilidad, justo eso será lo que capten también de sí mismos. Vosotros escogéis qué queréis «mirar», porque a fin de cuentas siempre se trata de eso, de decidir qué deseáis y empezar a actuar haciendo cosas que os acerquen a vuestro sueño de familia (y no que os alejen).

El **tercer planteamiento** es que **adoptéis el humor como un miembro más de la familia**, porque es fantástico tenerlo cerca y como compañero de viaje, especialmente cuando los chicos tienen ideas de bombero y la lían. Quiero decir que no os toméis las cosas tan en serio, intentemos no ser dramáticos, relativizar. Miremos con perspectiva: al fin y al cabo, el universo es inmenso y la Tierra supone apenas un puntito insignificante en medio del cosmos. En realidad, ni tú, ni yo, ni nuestro hijo o hija somos tan importantes, ¿verdad? Así que ¡RELATIVICEMOS!

Y la cuarta idea, que ya he mencionado, sería **que vosotros seáis los firmes**. Ya sé que en cuestión de firmeza los niños y las niñas nos ganan con suma facilidad cuando quieren algo, pero es importante que en casa quienes decidan sean los padres y las madres, no los hijos o hijas. Podéis consultarles, es fantástico saber su opinión y que influyan en vuestra decisión, pero educar no es una democracia, decidís vosotros, porque en el instante en que vean que tienen el mando os aseguro que os costará horrores arrebatárselo. No olvidéis que para que un equipo sea eficaz **hace falta liderazgo**, y éste nos pertenece a los padres y madres en el mismo instante en que nace nuestra criatura.

Recuerdo a un amigo (alto, fuerte y decidido, ya sabéis, de los que imponen) que me contaba lo que hacían sus dos pequeños «terroristas» de 7 y 8 años. «¡Es que no tienen ni una idea buena!», se lamentaba. Resulta que en una de sus «fechorías» pintaron la habitación. Cuando el padre fue a echarles la bronca (enviado por la madre, que ya estaba agotadísima de reñirles), preguntó quién había sido, y tanto el uno como el otro contestaron: «Yo no he sido, papá», «Yo tampoco», con esa mirada inocente de no haber roto un plato en su vida, y con una seguridad sorprendente para su tierna edad. El padre, indignado y desesperado (no había nadie más en la casa que ellos cuatro, así que, si ellos dos no habían sido los artistas y la madre tampoco, era un fenómeno realmente extraño, ¿no?), hizo lo típico: castigarlos a los dos.

Pienso que cuando tus hijos son unos cracks, con el morro y la fortaleza suficiente para sustentar su respuesta ante un padre que impone, hay que tener una muy buena estrategia familiar, porque está claro que, en su caso, las broncas ya no sirven, y es más inteligente hacer o probar cosas diferentes que repetir lo que ya no vale, ¿no creéis? Y con dos pequeños que son muy, pero que muy inteligentes yo empezaría por dejar las cosas clarísimas.

Probablemente, si fueran mis hijos, entraría en la habitación así: «¡Oh! Menudo dibujo, ¿quién es el artista? ¿Qué significa o qué quiere transmitir o qué quiere que sintamos cuando lo miramos?». Y escucharía sus respuestas, no para juzgar, sino para entender. **«Qué interesante»**, diría tal vez, y entonces tiraría del hilo, porque está claro que cuando dos pequeños la lían cada día es que hay algo que se nos está escapando, algo que nos estamos perdiendo. Y, por supuesto, no castigaría; simplemente los niños deberían **«reparar»** lo que sus actos han ocasionado (pintando la habitación, por ejemplo), porque ésa es una de las estrategias de los padres, y lo que queremos que impere en el ambiente del hogar es el valor de que **en nuestra familia reparamos los errores, no castigamos los hechos**.

Si la bronca de toda la vida ya no sirve (lo cual es cierto, no sirve para casi nada, al menos ésa es mi experiencia trabajando con niños), ¡propongo hacer cosas distintas!

Tal vez hayamos pintado su habitación con el último color de moda, pero resulta aburridísimo para ellos, tal vez su agenda diaria sea fantástica para cuando sean mayores, pero para dos chavales con ganas de vivir resulta tediosa, soporífera y cargante. Tal vez necesiten simplemente que pintemos un trozo de pared con pintura de pizarra para que puedan expresar lo que sienten o su creatividad en un lugar que es teóricamente ese sitio (¿el único?) en el que pueden ser ellos mismos. Tal vez quieran llamar la atención y la forma y los colores utilizados en el dibujo nos dan pistas de si sienten rabia, miedo o tristeza, y a partir de ahí nos resultará más fácil entender y actuar con mayor eficacia para conseguir un cambio de comportamiento...

No sé, chicos, pero tal vez ya toca que empecemos a **ir al quid de la cuestión**, olvidarnos de las anécdotas (lo que han hecho) para darnos cuenta de que son **avisos de algo**. Y cuando esos avisos se repiten en el tiempo, es que ahí está pasando alguna cosa y toca ir de frente, con valentía, para ver qué es. Y cuanto antes, mejor y mucho más sencillo será resolverlo.

Para entender mejor lo de los *avisos*, os pongo un ejemplo: imaginad que suena una alarma de incendio en un local de vuestro barrio. Automáticamente, la empresa de seguridad contratada avisa a la central de emergencia y ésta envía a un camión de bomberos. Éste, siempre eficaz, llega rápidamente y un bombero baja del vehículo, entra en el local, apaga la alarma y se va, sin mirar si hay humo ni fuego, tan sólo desconecta la alarma, sube al camión y se va por donde había venido. ¿El problema está resuelto porque la alarma ya no suena ni molesta? Me diréis que no, y encima pensaréis que es una solemne tontería, y por supuesto tendréis toda la razón. Pues bien, entrar en una habitación, echar la bronca y castigar cuando no se resuelve nada porque los niños siguen repitiendo sus travesuras, sus trastadas o sus fechorías la semana siguiente, es exactamente lo mismo: **no aprovechar el aviso que te da una alarma para parar, revisar el local y ver qué caray está pasando ahí dentro**. Los bomberos y el camión con agua somos nosotros, los padres y madres y nuestros recursos (que los tenemos todos) para apagar esa llama que está encendida y quemando a demasiados jóvenes.

Si sentís que a veces sois unos padres o unas madres desesperados, recordad que tenéis **la oportunidad en vuestras manos de ser el bombero que entró y encontró el origen del incendio. ¡No tengáis miedo, vosotros podéis, de verdad que sí!**

25

Carta a mis hijos

Hijo, cuando yo no esté, sonríe por mí

Cuando escribes un libro haces un buen trabajo de introspección, y te das cuenta de cosas que hasta ese momento te habían pasado desapercibidas. Y aunque no me gusta hablar demasiado de aspectos personales, no sé qué me está pasando con este libro que me induce a atreverme a saltarme mis propias normas.

Ésta es la carta que me gustaría no tener que escribir nunca, porque sería la última, aquella que redactaría a mis hijos si supiera que, al día siguiente, no iba a estar en este mundo. Pensando en ese día, que por supuesto llegará antes o después (¡espero que sea lo más *después* posible! ☺), pensé: «¿Y si no lo sé?», quiero decir, ¿y si pasa de repente y no puedo decirles lo que considero que es más importante, lo que querría que tuvieran siempre en cuenta para poder ser felices?

Y por aquello de asegurarme, de no olvidarme de explicarles lo que quiero que recuerden en todo momento, os pido permiso para incluir una «carta a mis hijos» en este libro. Entiendo que me lo dais, ¡así que ahí va!

Sergi y Alexandra:

Antes que nada, deciros que os quiero profundamente, seáis como seáis, hagáis lo que hagáis, esté donde esté, siempre, siempre os amaré (hasta la Luna y volver, ¿recordáis?).

Y si no estoy para decíroslo durante vuestro camino por la vida, deseo de todo corazón que siempre recordéis estos 11 aspectos que estoy segura de que os ayudarán a ser felices:

1. Hagáis lo que hagáis, hacedlo con el corazón; ya sea estudiar, trabajar, practicar un deporte o estar con los amigos... sea lo que sea, pero **hacedlo con el alma y veréis que todo saldrá bien**.

2. Buscad un trabajo que tenga sentido, y si no lo encontráis, **dadle vosotros sentido a vuestra tarea diaria**. Y si sois cajeros del súper, que cada cliente al que cobréis se marche mejor de como llegó gracias a vuestra sonrisa. No seáis de esos que caminan desilusionados por la vida.

3. Cuando tengáis miedo (y eso sucederá) **recordad que el 93 % de los temores que sentimos los humanos no pasarán nunca**.

4. **Intentad hacer la mejor interpretación posible de las cosas**, tener una actitud positiva y buscar alternativas en vez de quejaros. Veréis que os conducirá directamente al bienestar.

5. **Facilitad las cosas**, haced sencilla la vida de las personas que os rodean y, como en un espejo, la vida se tornará fácil para vosotros.

6. Quereos **por si los otros no lo hacen**. Es vital porque os ayudará a no depender de los demás, a decidir por vosotros mismos y a crear vuestro propio camino. En definitiva, **os acercará a ser amos de vuestro destino**.

7. **Àlex, quiere a tu hermano. Sergi, quiere a tu hermana**. Es muy importante que lo hagáis.

8. Sé que podréis superar mi pérdida, sé que lo soportaréis y eso me tranquiliza. Obviamente, sufriréis, sentiréis tristeza y tal vez rabia, pero creedme cuando os digo **que estáis preparados para afrontarlo**.

9. **No os olvidéis nunca de soñar**. Dicen que un sueño no es lo que pasa cuando duermes, sino lo que no te deja dormir. ¡Y es cierto! Así que, si alguna cosa no os permite dormir, ¡que sean vuestros sueños!

10. **Recordad que el agradecimiento nace de la humildad**, y los dos sientan pero que muy bien al alma.

11. Y lo más importante, **¡sonreíd por mí!**

26

La queja

La queja es una costumbre que ha crecido como la espuma en nuestra sociedad y que parece omnipresente en nosotros y en las personas que nos rodean (especialmente en los niños y jóvenes, que aprenden de lo que ven). La cuestión es que las quejas inundan las empresas, los colegios, las familias y los grupos de amigos hasta el punto de que las hemos normalizado de tal manera en nuestro día a día que ni siquiera nos damos cuenta de su crecimiento vertiginoso porque **lo extraño, ahora, es que alguien no se queje**.

Pero **¿qué es quejarse?** Quiero decir, ¿qué estás haciendo concretamente cuando te quejas? Sería interesante poner atención a todo aquello que se repite en nuestra rutina diaria para al menos saber, por ejemplo, qué es lo que hay detrás de esos famosos y recurridísimos **«es que»** que oímos sin cesar.

Hace un tiempo, reflexionando sobre el tema para hacer alguna dinámica que consiguiera que los chavales se quejaran menos, me di cuenta de que cuando tú, tus hermanos, tus hijos o tu pareja se quejan, lo que realmente están haciendo **es PEDIR alguna cosa**: tal vez una actitud diferente, cumplir con una expectativa o solventar una necesidad.

En resumen, lo que vi es que **cuando alguien se queja**, sólo está pidiendo, lo que pasa es que lo hace desde la negatividad, desde el **«te pido esto y espero que tú me lo des»**, provocando en el otro que se sienta amenazado o atacado. ¿Las consecuencias? Desconfianza y conflicto. Quejarse es esperar que te den, pero ¿y tú?, ¿qué y cuándo das a ese a quien estás pidiendo algo a cambio?, ¿qué responsabilidad tienes tú en el asunto?

Como los seres supuestamente más inteligentes de la faz de la Tierra que somos, tal vez deberíamos empezar a darnos cuenta de que, si quejarse es pedir, **¿por qué no pedir directamente y prescindir de la fórmula de la queja?** Desde la positividad y el sentido de justicia, y dando tú también alguna cosa a cambio a quien estás reclamando. En las cenas con amigos oigo el típico lamento «es que el jefe no me valora». Qué tal si en la oficina lo cambiamos por un «te pido que reconozcas mi trabajo y yo también reconoceré el tuyo». Si nos quejamos menos y pedimos y damos más, seguro que conseguiremos más confianza... **¿Os apetece que eso ocurra en vuestro hogar?**

Os propongo dos juegos. Se trata, primero, de explicar a la familia qué es la queja (podéis leer este capítulo) y, a continuación, de preguntar si todos quieren participar en un doble juego.

Primer juego: consiste en que cada vez que alguien en casa se queje, quien se dé cuenta le ha de decir: **«Vale, pero ahora dímelo pidiendo y dando»**. Por ejemplo, si se te quejan con un «mamá, mi hermano no me deja la pelota», podrías contestarle algo así: «¿Y si pruebas a decirle a tu hermano algo más justo, como, por ejemplo: "Me gustaría jugar con tu pelota y he pensado que a cambio te gustaría jugar con mi patinete. Pero si no quieres, lo entenderé"?». Cuando pedimos algo que necesitamos (o creemos que queremos), hemos de tener en cuenta que recibir un «no» como respuesta es posible, así que tendríamos que estar también capacitados para tolerar la frustración que sentiremos (recordad que la paciencia aquí es nuestra mejor baza).

Cuando planteéis este juego en casa (o en la empresa, donde también funciona genial), facilitaréis que lo entiendan si ponéis ejemplos de las típicas quejas que recibes, y así los hijos pueden empezar a buscar frases alternativas para que las tengan un poco ensayadas y les sea más fácil utilizarlas cuando las necesiten, ya que probablemente con el enfado que va emparejado a la queja les resultará más costoso encontrarlas. Por ejemplo, si eres tú la que suele quejarse porque siempre se olvidan de apagar las luces, puedes cambiarlo por un «necesito que apagues la luz cuando no sea necesaria; a cambio, con el dinero que ahorremos cada mes, iremos una tarde a merendar juntos a la cafetería». El truco es que, por cada queja cotidiana en vuestro hogar, tengáis alguna frase preparada. Los primeros días estad atentos a cualquier queja de vuestro hijo o hija, o de la pareja, y decidles **«recuerda, cariño, pidiendo/dando»** en un tono agradable y positivo (rollo «¡te pillé!»), ya que así les daréis el aspecto de juego que a los niños (y a los mayores) nos encanta **porque se convierte en un reto**. Veréis que esta dinámica se impondrá de manera divertida (los niños y niñas aprenden rápido y les encanta «pillaros»), y se acabará normalizando e interiorizando, sobre todo **el hecho de entender que detrás de cada queja hay una necesidad** y, por tanto, algo que, por algún motivo, es importante para aquel que se está quejando.

Segundo juego: esta segunda dinámica puede complementar o alternarse con la primera si, además, queréis potenciar el pensamiento lateral o creativo de vuestros hijos e hijas, ideal a partir de los 6 años, ya que los **obliga a buscar alternativas**. Se trata de colgar en la pared una cartulina, y cada vez que alguien (tú, tus hijos, tu pareja…) se queje, debe escribirla en la lámina, pero apuntando también dos posibles soluciones al lado, y si no las encuentra, no podrá quejarse. Es decir, el objetivo es que entiendan que **quejarse va en un pack** y, en vuestro hogar, lleva implícito aportar y pensar en alternativas para solucionar su queja/necesidad. Además, y como ya habréis adivinado, esta dinámica los entrena en su autonomía de una forma francamente interesante, pues el autocontrol emocional también se pone en marcha aquí de manera muy clara y evidente.

Una cosa más en estos dos juegos. Es importante que CADA VEZ que vuestro hijo o hija o vuestra pareja o tú lo hagáis (cambiar la fórmula de la queja por «pedir/dar» o escribir soluciones en la lámina) **os concedáis el mérito**, os aplaudáis y os felicitéis, porque el esfuerzo que comporta ser tú quien domina tus emociones desagradables, y no ellas a ti, es francamente considerable.

Más ideas que os pueden ayudar a gestionar la queja de los demás, especialmente sobre los que no tienes ningún poder para poder hacer estos juegos y dinámicas de la queja, es tener esta frase siempre preparada: **«Dime qué necesitas»**. En el trabajo, por ejemplo, cada vez que alguien se te queje así: «Es que no puedo con todo el trabajo», contéstale así: **«Dime qué necesitas»**. ¿Veis que automáticamente la mente se nos va a buscar una solución? («¿qué necesito?») en vez de paralizarse sobre el problema y esperar que otro te lo solucione («es que no puedo»). En el mundo laboral, trabajar desde la autonomía es lo que cualquier empleado y cualquier jefe desean, o sueñan, para no tener que ir detrás de la gente (o sentir que van detrás de ti). Asimismo, el hecho de no ser dependiente genera más valentía (tomas más decisiones), más creatividad (hay menos miedos cuando te acostumbras) y, por lo tanto, se traduce en un trabajo más valioso y auténtico porque no es una máquina quien lo realiza (¿cuánta gente está trabajando como un autómata en vez de como humanos? Hablo de los que se dedican a seguir, seguir y seguir).

Y en cuanto a **nuestras propias quejas**, os propongo un ejercicio. Si no podéis hacerlo ahora, no sigáis leyendo, posponedlo hasta que tengáis cinco minutos, que es el tiempo que necesitaréis para realizarlo. Y si queréis hacerlo ahora, entonces coged un papel y un lápiz o boli.

Empezamos: nos pasamos el día quejándonos de un montón de cosas, ¿verdad? Pues ahora tenéis permiso para quejaros de todo y cuanto queráis. El ejercicio trata de eso, de que escribáis en el papel todas las quejas que os dé tiempo a apuntar en dos minutos y medio (poned el crono en marcha). Quejas respecto a vosotros (que si los kilos de más, que si hago poco deporte...), quejas respecto a vuestras parejas (que si no baja la tapa del váter, que si no sabe cocinar...), quejas respecto a vuestros hijos e hijas (que si no escucha, que si no come...), quejas respecto a vuestro trabajo, vuestros padres, hermanos, primos, la contaminación en el mundo, la sociedad... Imagino que pensaréis que necesitáis más de dos minutos y medio, pero tendréis que adaptaros. ☺ Lo que busco es que reflejéis en ese papel vuestras quejas típicas, las que hacéis en voz alta y las que se quedan en vuestro interior. Empezad a escribir, pero no sigáis leyendo hasta que acaben los dos minutos y medio.

Seguimos: pues bien, ¿recordáis que decía que una queja es una demanda?, ¿algo que tú necesitas?, ¿y que habitualmente detrás de lo que tú necesitas hay algo que **es importante para ti**? Pues bien, ahora leed vuestro papel y apuntad al lado de cada queja que habéis escrito cuál es vuestra demanda, qué es lo que en realidad necesitáis y por qué es importante para vosotros.

El papel que tenéis en las manos **es un trocito de vosotros**, contiene mucha información de lo que realmente queréis y necesitáis. Averiguadlo y después compartidlo con la familia (atreveos y no hagáis la peor interpretación posible pensando que no les importa).

Las quejas nos dan muchas pistas, en realidad nos sirven para descubrir qué nos exaspera, qué nos indigna y qué nos hace sentir fatal, como si fuera una especie de conducto directo a nuestros valores más profundos. **Aprovechémoslas para darnos cuenta de quiénes somos y también para que, de paso, nos revelen quiénes son las personas que nos rodean (hijos incluidos)**.

27

Todos somos talento y somos defecto

Hijo, al final de todo sólo somos una cosa,
aquello que practicamos

Recuerdo que no hace mucho, charlando con unos padres, éstos me miraban perplejos porque les estaba hablando de los talentos de su hija, de aquello que yo veía que la hacía especial y diferente. Al cabo de un rato la madre me dijo: «**La gente normal como nosotros no somos capaces de ver todo esto, no estamos preparados para darnos cuenta de cuáles son los talentos de los demás**». Me sorprendió su reflexión, pero, sobre todo, la seguridad con la que hablaba, y no pude evitar sonreír. Me hizo gracia observar que las creencias limitadoras nos constriñen tanto que ni lo probamos, como el hecho de intentar apreciar la potencialidad de las personas que nos rodean porque, simplemente, nos parece imposible descubrirla sin ayuda externa.

En ese momento supe lo que tenía que hacer, así que le pregunté a la madre: «**¿Tú eres capaz de ver los defectos de los demás?**», y la mujer, con una mirada mitad avergonzada mitad traviesa, confesó: «¡Hombre, Cristina, por supuesto, eso lo sabemos hacer todos!». Entonces aproveché para explicarle: «Si eres capaz de ver los defectos, **también lo eres de descubrir los talentos y las**

habilidades de los demás, porque es exactamente lo mismo. Simplemente es necesario que pongas la atención en buscar aquello bueno que tienen los otros, en vez de indagar en lo que no consideras positivo».

No sé si lo habéis pensado alguna vez, pero **¿cuántos minutos gastamos cada día en mirar los errores de la gente, en aquello que les falta?** ¿Y cuánto tiempo invertimos en descubrir lo positivo? ¿De verdad que no nos percatamos de esas actitudes que cohesionan, de esas miradas que aprueban, de esos comportamientos que te hacen sentir que sumas, o de lo que a uno le sale bien de manera fácil y natural? Ni siquiera es preciso que sea tu hijo o tu hija. Observa a tu pareja, a tu hermano o a tus compañeros de trabajo. Todos necesitamos saber en qué brillamos, en qué somos buenos, ¡todos!, **y también que alguien nos lo diga**.

Todos somos todo, somos talento y somos defecto, ¿os dais cuenta? Y si cada día dedicas un montón de minutos a buscar defectos, serás un especialista en ver las imperfecciones de las personas. En cambio, si haces todo lo contrario, serás un experto en detectar talentos, en ver el potencial, aquello que hace tan especial a cada uno de nosotros.

¿Cómo practicarlo? Eso sí que es fácil, una simple comida familiar es una gran oportunidad de entreno. Sentaos y observad todo lo bueno que hay en cada uno de los comensales: vuestros padres, abuelos, primos o hermanos, cuñados y cuñadas o suegros. Y cuánto más incómoda sea vuestra relación con alguno de ellos, mejor será vuestro entreno (recordadlo cuando estéis haciendo el ejercicio, porque vuestra cabeza buscará sus defectos, tal y como la tenéis acostumbrada, y salir de la zona de confort será vuestro gran reto). Y lo mismo podéis hacer en la oficina, con vuestros compañeros, con vuestro jefe o con las personas a quienes habéis de dirigir. Cuando lo hagáis, notaréis una especie de cambio de mirada que os hará sentir mucho mejor (con menos tensión y con una disminución del sentido de amenaza).

Muchas veces pienso qué más da cómo sea uno u otro, lo importante es cómo te hacen sentir a ti, y aquí, amigos y amigas, vosotros tenéis la sartén por el mango, **vosotros decidís qué y cómo permitís que alguien os haga sentir**. Y si sentís vibraciones negativas, no os hagáis mala sangre, simplemente intentad pasar menos tiempo a su lado, y cuando tengáis que hacerlo porque es inevitable, relativizad y apreciad lo bueno que tiene porque seguro que algo tendrá, vamos, ¡digo yo!

En realidad, todo es bastante simple y lógico, quiero decir que sois vosotros quienes decidís **en qué os queréis convertir y en qué invertís el tiempo**: si en buscar los defectos o en descubrir talentos.

Y es que al final de todo, de todo, sólo somos una cosa... **¡aquello que practicamos!**

¡¡¡Ah!!!, y recordad que nuestros hijos e hijas seguirán probablemente nuestro ejemplo. ☺

28

Equivocarse

Hijo, sin error no hay crecimiento

Estos últimos años he observado cómo **el miedo a equivocarse ha aumentado en los niños** y jóvenes de una manera bastante sobrecogedora. Recuerdo a Maria, una jovencita de 10 años que vino de campamentos con su colegio, y el primer día, mientras desayunábamos en un prado (mes de mayo y 26 °C), le preguntó a su monitora: **«¿Me puedo quitar la chaqueta?»**, a lo que Graziela, la monitora, respondió con otra pregunta: «¿No crees que esta pregunta te la podrías contestar tú misma?». La niña, muy segura, replicó: «No, no puedo». Graziela, sorprendida, quiso saber el porqué, y la niña le dijo: **«¡Porque me puedo equivocar!»**.

No sé si nos percatamos de lo que estamos haciendo cuando educamos a nuestros hijos e hijas en aquello de que no puedan errar. Si necesitan preguntarte si pueden quitarse la chaqueta con 10 años y a 26 °C, ahí hay mucha dependencia, ¿no os parece? Y cuando Maria tenga que tomar una decisión más importante, y que dependa teóricamente de ella, ¿qué pasará?, ¿quién decidirá si estudia ciencias o letras?, ¿nosotros, el profesor...? Porque está claro que Maria no será capaz.

Podéis consultar este tema con los profesores. Yo lo hice con decenas de maestros y me confirmaron lo que veíamos en La Granja: que los chicos y chicas preguntan y piden permiso para casi todo a fin de asegurarse, y por miedo a no hacerlo bien. Les dicen «haced el ejercicio 7» y alguno pregunta «el 7, ¿seguro?». O cuando piden dibujar el pentágono en un lápiz de mina 2, uno tras otro consulta «¿es éste, señorita?», no sea que se equivoquen en escoger ese lápiz que lleva el número 2 claramente grabado.

¡Hay tantos mensajes y enseñanzas detrás de nuestros actos! Y a veces nos damos poca cuenta de ello. Por ejemplo, cada vez que revisamos sus deberes, en realidad, como ya he mencionado en otros capítulos, les estamos diciendo: «No puede haber ningún error, ha de ser perfecto, y, por lo tanto, no te puedes equivocar». Y así crecen, creyendo que el error tiene que ver más con el fracaso que con lo que en realidad es, **¡la base del aprendizaje! Sin equivocación no aprendemos, son absolutamente complementarios, coexisten por naturaleza**. Sólo hace falta que observéis a un grupo de niños jugando a construir una cabaña en el bosque; observan las ramas, prueban troncos de diferentes tamaños, construyen, se equivocan, la cabaña se cae y lo vuelven a intentar de una manera diferente hasta conseguir que se tenga en pie. ¡Y entonces, sólo entonces, celebran el éxito juntos y orgullosos! Y es porque, en el fondo, saben que han aprendido de verdad, desde la autonomía, lo cual nunca lo olvidarán.

Pero esto tampoco nos lo enseñaron a la mayoría de nosotros, así que a menudo **la dificultad de equivocarse está en darte cuenta de que has errado** al tomar una decisión porque te provoca malestar y no sabes muy bien cómo justificarlo (muchas veces incluso lo rechazamos con cabezonería). En esos momentos sueles sentir la culpa en la piel, y el fracaso, que ayuda poco, pues la culpabilidad tiene su raíz en el miedo, y éste te invade y paraliza, lo cual evita que busques alternativas inteligentes para subsanar el error (ya sabéis, para cambiar el tamaño de los troncos y volver a construir la cabaña del bosque).

Sin error no hay crecimiento, ni como persona ni como sociedad, ya que es necesario para ser autocríticos. **La equivocación nos ayuda a ser adaptativos** (como persona y como sociedad, como tribu que debe sobrevivir como especie) y también a superar el miedo, pues hace que nos percatemos de que siempre hay una alternativa, una salida diferente y que debemos buscar. Y es entonces cuando la mente se relaja y nos permite decidir con más información e inteligencia. El sistema educativo castigaba el error, y aún, en muchos casos, lo sigue haciendo. Hay padres que temen la equivocación e incluso la sancionan. En mi opinión, todo ello es parte del motivo de que **muchos niños y niñas eviten tomar cualquier decisión**, por pequeña que sea, y la causa de que a los adultos nos cueste tanto admitir la equivocación, pues está mal vista y nos hace sentir hostigados, fracasados y apenados.

Tal vez pueda ayudar la siguiente reflexión que escribí en el *Emocuaderno*, un buen argumento para admitir el error ante los hijos e hijas, ante la pareja o en el trabajo, pero sin hacernos sentir tan mal: **«Ahora veo que me equivoqué, pero aquel día, en aquella situación y en aquel contexto, decidí lo que creía que era correcto. Las circunstancias han cambiado y, visto el resultado, ahora me planteo otra decisión, basada en las circunstancias actuales y con la información que tengo hoy y que ahora creo que es la mejor opción posible».**

Espero que os pueda ayudar esta pequeña herramienta para admitir el error con dignidad, y recordad lo que Charles Chaplin dijo una vez: «Me gustan mis errores, no quiero renunciar a la libertad deliciosa de equivocarme».

¿Y vosotros?, ¿queréis renunciar?

29

¿Qué necesitan los niños de sus padres?

HIJO, AHORA ES AHORA Y DESPUÉS ES DESPUÉS

Frecuentemente me encuentro con padres y madres inquietos o incluso sufriendo por todo cuanto sus hijos e hijas puedan requerir, y sienten miedo e incluso terror a no estar dándoselo en la cuantía exacta a sus necesidades.

Los principios de curso, después del verano, son bastante gráficos. **La ansiedad presente en los adultos es aún más intensa** de lo habitual, preocupados por si sus pequeños se adaptarán a la rutina, al nuevo profesor o profesora, a los nuevos compañeros, a los madrugones, a los horarios extraescolares, a los deberes, al nivel de estudios, a estar horas sentados en silencio en sus pupitres... Los chavales, como buena muestra de la especie humana que son, **tienen una gran capacidad adaptativa**, así que suelo aconsejar a los padres y madres (especialmente en septiembre) que no se anticipen a los problemas y que no sufran demasiado por este tema, porque si les dejamos un poco de tiempo, ellos mismos se acaban aclimatando si no tienen ninguna dificultad añadida, ya sea baja autoestima, miedos, inseguridades, etc. En ese caso, el problema no es la adaptación (ni el nuevo profesor, ni los madrugones), sino la de ocuparse de arreglar el motivo de esa baja autoestima y actuar con una buena estrategia y, a ser posible, en equipo con el maestro.

Y si nos debemos preocupar y ocupar de alguna cosa, que sea al menos de aquello que de verdad necesitan los chavales de nosotros, sus padres y madres. Pero ¿cómo saberlo?, **¿cómo estar seguros de qué es lo que precisan de sus progenitores?**

Esto mismo me cuestioné yo, así que aprovechando que pasan muchos niños y jóvenes por mi trabajo, un verano decidimos preguntárselo directamente a ellos. Después de consultar a 868 niños, preguntándoles **«¿qué necesitáis de vuestros padres y madres?»**, esto fue lo que respondieron:

Lo más repetido fue: **«Queremos que paren»**. Sí, nos decían que querían que sus padres y madres detuvieran esa maratón en la que los chicos creían que estaban viviendo (se referían a las prisas, a la aceleración que dicen tanto los agobia). Aquello de **«si no corres, te lo pierdes» parece ser una firme creencia en los niños**. ¿Podemos detenernos un momento y pensar? De verdad creéis que tiene sentido ir todo el día abrumado, estresado y cansado... **Pero ¿para qué?** ¿Para llegar a todo? ¿Dentro de ese *todo* está incluido sentirte bien, a gusto y en paz? Yo diría que correr todo el día no es natural, ni siquiera para nosotros, ¿o acaso estoy equivocada?

La segunda respuesta más mencionada fue: **«Queremos que respiren»**. Nuestros hijos e hijas, ¡más de 800!, nos piden que respiremos, que nos permitamos al menos tomar aire, ¡porque tienen la sensación de que nos vamos a ahogar! De verdad que tampoco tenemos tiempo ni para eso, ¡para tomar aire y respirar de manera profunda de vez en cuando!

Y lo tercero que también manifestaron mucho fue: **«Queremos que nos miren»**, pero que los veamos a ellos, a lo que son, no a lo que queremos que sean, apuntaron unos cuántos. Precisamente, correr todo el día consigue que te pierdas cosas importantes, como, por ejemplo, sus miradas, que nos siguen por casa mientras vamos como locas, o locos, haciendo veinte cosas a la vez para llegar a *todo*.

Cuántas lecciones nos dan los chiquillos cuando les preguntamos cuestiones interesantes, ¿no creéis?

Volviendo al tema inicial del capítulo, si nos angustia no ofrecerles a nuestros hijos e hijas todo aquello que precisan de nosotros (sus padres y madres), ¿qué os parece empezar por darles ya lo que manifiestan abierta y claramente casi 900 niños y niñas? **¡Que paremos, que respiremos y que los miremos!**

Yo me apunto, **¿y vosotros?**

30

La comunicación con los hijos

¿Sabes?, me encanta que seas mi hijo

La comunicación, ¡qué importante es! Incluso diría que, cuando llega la adolescencia, resulta vital para que el hogar siga siendo un lugar donde la tranquilidad y el bienestar sean las emociones predominantes.

Una vez más, si de pequeños no aprendimos a dominar el arte de la comunicación (verbal, gestual, asertiva, positiva, dominio de las preguntas, etc.) y encima no entendemos los trucos que nos traicionan a nosotros o a ellos, el pronóstico no es muy halagüeño.

La comunicación es un tema tan extenso que, si os interesa, vale la pena comprarse un libro dedicado sólo a ella. En este capítulo trataré de hacer un resumen de los aspectos que a nosotros nos funcionan muy bien, y de lo mínimo para entender de qué estamos hablando.

Lo primero que, en mi opinión, es clave saber y que ya os he ido mencionando, es que **siempre estamos comunicando, ¡siempre!** Desde que levantamos al crío por la mañana hasta que le damos el beso de buenas noches, siempre le estamos diciendo (y enseñando) un montón de cosas.

El problema más grave no aparece cuando hablamos, porque

las palabras las podemos escoger (¡si no estamos enfadados!), pero una mirada no la podemos elegir, y ésta siempre **explica claramente a tu hijo o a tu hija lo que piensas y lo que sientes**, y cuesta mucho disimularla. Todos recordamos alguna mirada de decepción de nuestros padres, ¿verdad? Y aunque no articularan ni una sola sílaba, sabíamos exactamente lo que pensaban. Pues eso, ahora, nos pasa a nosotros (y no sólo con nuestros pequeños, también con la pareja, la familia y los compañeros de trabajo).

A veces, cuando me vienen familias con hijos o hijas que empiezan la preadolescencia, vislumbro que la manera de mirarse desde la negatividad (con rabia e irritación de los hijos hacia sus padres, y con temor o enfado de los padres hacia sus hijos) es del todo evidente. Y aunque las palabras aún las tienen bajo control tanto unos como otros, no hay que ser muy perspicaz para adivinar que, en unos meses, la cosa empeorará en esa familia.

Una de las ideas que me gusta compartir es que **no tenemos que combatir contra nuestros chavales, sino con nuestra (y su) manera de comunicarnos**. Creo que aquí deberían centrarse los esfuerzos y el tiempo para cambiar lo que se puede modificar. Porque sí, amigos y amigas, la comunicación positiva se puede entrenar, y es francamente fácil si de verdad uno quiere hacerlo y pone toda la intención del mundo para compensar lo que no aprendimos de chicos.

Recuerdo que, en una conferencia sobre comunicación, un padre me preguntó: «¿Cómo puedo conseguir que mi hijo no piense que es un desastre?». «Para responderte —le dije—, antes necesito saber una cosa: **¿tú crees que tu hijo es un desastre?**» Su silencio lo delató, pero su mirada más (y su cabeza subió y bajó en un acto reflejo, inconsciente). Él también creía que su hijo era un desastre y por supuesto se sentía decepcionado. Así que le expliqué:

«Si crees que es un desastre, eso es lo que le estás comunicando, y además tiene muchos números para que al final se acabe convirtiendo en eso». El hombre me pidió que le dijera entonces qué podía hacer, y le contesté lo único que se me ocurre para estas situaciones: **«Es muy fácil, deja de pensar que es un desastre, deja de creértelo porque estoy casi segura de que no lo es. De hecho, ¿qué significa ser un desastre?»**. Etimológicamente, «desastre» (del latín *disastro*) significa «desastre de una estrella, cataclismo estelar, desgracia de gran magnitud». En un sentido coloquial significa «cosa mal hecha, de mala calidad» o «suceso que produce mucha destrucción». Sinceramente, dudo que su hijo sea algo de mala calidad, más que nada porque en mis 35 años de profesión nunca he conocido a un crío mal hecho y que encima ocasione destrucción. Posiblemente ese desastre tenía que ver más con que su hijo no conseguía cumplir con el plan marcado, o con el proyecto de hijo ideal que tenemos en mente (pero ¿acaso es eso un cataclismo para los padres y madres?). Y el joven, harto de decepcionar, se lo acabó creyendo y tiró la toalla. El primer truco que se me ocurre que podemos hacer los padres y madres es empezar a ver todo lo bueno que él tiene, todo lo que es, para que el chico pueda también verlo reflejado en nuestra mirada, como en capítulos anteriores os he especificado de una manera más amplia.

Repetiré hasta la saciedad que de lo que estamos hablando en este libro es de que **¡lo que hagamos sea verdad!**, ¡sólo lo verdadero! Dejemos de disimular, de buscar trucos para que el niño o la niña crea que es fantástico, porque **será imposible si para ti no lo es**.

Asimismo, tratemos de olvidarnos de los extremos: ningún hijo o hija es un desastre, como tampoco ninguno es perfecto. No existen ni unos ni otros, ¡gracias a Dios!

Sigamos ahora con qué significa la comunicación positiva, una que francamente hoy en día se practica muy pero que muy poco.

La **comunicación positiva** es un tipo de comunicación que no daña a los demás y que utiliza pocas de las denominadas «palabras negras», como «no», «nunca», «siempre igual» o «imposible». Las personas que emplean este tipo de comunicación acostumbran a no hacer la peor interpretación posible de los comentarios que les llegan de los demás (escuchan, no interpretan), y además no suelen generalizar e intentan entender lo que los otros les quieren decir (incluso con lo que no les está diciendo). Suelen ser personas con empatía, con una sana autoestima, con seguridad y confiadas.

La **comunicación positiva nos sirve para** generar respeto, liderazgo, un trabajo en equipo eficaz y es cohesionador de grupos. Si no se entrena de pequeño, cuesta más dominar este arte, por este motivo **las pocas personas que hoy en día lo practican destacan del resto**.

¿Cómo la podemos entrenar? Poniendo atención en lo que decimos, ya que si nosotros somos capaces de utilizarla, nuestros hijos e hijas lo heredarán. Por ejemplo, se trata de sustituir las palabras negras por mensajes más positivos y asertivos:

- Cambiar el «**no** me escuchas» por un «necesito que me escuches».
- Cambiar el «**no** corras» por un «ve despacio».
- Cambiar el «**siempre** igual de lento» por un «¿intentas ir hoy un poco más rápido?».
- Cambiar el «**nunca** aprenderás la tabla del 7» por un «**aún** no te sabes la tabla del 7, sigue practicando y ya verás cómo al final la aprendes». ¡Eso del «**aún** no te sabes la tabla del 7» va muy bien por aquello de dar esperanza! ☺

- Cambiar el «**imposible**, no tengo tiempo» por un «tengo la agenda a tope, pero trataré de buscarte un espacio».
- Intentar **no hacer la peor interpretación posible**, y cambiar, por ejemplo, del «¡criticas a mi madre para hacerme daño!» a un «cada vez que hablas mal de mi madre me haces daño; por favor, ¿puedes dejar de hacerlo?».

Además de empezar nosotros a practicarla y entrenarla, es genial estar atentos a cuando nuestros hijos e hijas utilizan la comunicación negativa para proponerles el cambio, y si la oyes decir un «paso de salir con vosotras al cine», explícale que otra vez, para no dañar a sus amigas, podría decir un «hoy me siento cansada para ir al cine, pero me apunto la próxima vez».

Otro tema delicado y que tal vez os preguntéis es el siguiente: **¿cómo poner límites claros a un hijo o una hija de manera positiva?** Para mí, un límite incuestionable, inquebrantable e irrenunciable es **el respeto en casa, especialmente hacia los padres y madres**. Si nosotros nos hacemos respetar, a ellos también los respetarán los amigos porque básicamente lo habrán aprendido con nuestro ejemplo. Si no, será más difícil que ellos o ellas dominen el arte de hacerse respetar, ya que implica fortaleza, seguridad y autoestima, y verlo en directo en casa facilita mucho el copiarlo después.

Recuerdo a una madre que sufría lo indecible con su hija adolescente debido a su comportamiento agresivo en el colegio y en casa (malhablada, respondona, retadora, irrespetuosa...). Ella, la madre, era todo lo contrario: supereducada e increíblemente cuidadosa de no molestar lo más mínimo a nadie, lo que supongo provocó que nunca (al menos hasta la fecha) lograra poner un límite claro a su hija, de carácter fuerte y enérgico. Cuando le explicaba que, si ella no se hacía respetar, a su hija no la respetarían, la madre me contestó: **«No, qué va, sus amigos no le llevan nunca la contraria, no se atreven. Todos la respetan».** Y con todo mi dolor (es mejor saber la medida de tu problema para poder obrar en consecuencia, pero me cuesta ser yo la que tenga que decírselo a una madre que ya sufre bastante), **me vi obligada a aclararle que eso no era respeto, sino miedo**.

Veo a muchos papás y mamás (normalmente con baja autoestima) que permiten que sus hijos o hijas les falten al respeto (por inseguridad, por miedo o porque simplemente no saben cómo hacerlo), y lo veo demasiado; de hecho, eso está pasando cada vez más. Y un truco fantástico que siempre les doy y que tiene mucho éxito por su sencillez es decirle a tu hijo o hija con autoridad y seguridad: **«¿Sabes?, no te permito que me hables así»**, o el **«No te permito que me trates así»**. A los padres y madres que les cuesta al principio les digo que empiecen escribiendo la frase en un papel, y cuando el muchacho o la muchacha les hable mal, le den el papel doblado en la mano. La cierto es que funciona bastante bien, y cuánto más lo hacen, mejor va.

Otras frases que no pueden faltar en la comunicación con nuestros hijos son estas perlas que creo que a todos nos hubiera encantado recibir de pequeños, encontrarlas en nuestro camino por la vida. ¡Si a vosotros no os pasó, que eso no se repita en vuestros hijos! (por cierto, si las escribes todas en una cartulina, se las puedes ir dando cuando haga falta, en lugar de decírselas; ¡verás que son realmente útiles! Yo las doy tanto en el trabajo como a mis hijos, y después de cuatro años aún las tienen enganchadas en el ordenador o la carpeta ☺):

¿**MOTIVACIÓN** o **SACRIFICIO?** TÚ ESCOGES

ESTO, TAMBIÉN PASARÁ

ME ENCANTA ESCUCHARTE

QUE EL MIEDO NO DECIDA POR TI

AÚN

¿ENTRENAMOS LA PACIENCIA?

PUEDES SENTIR LO QUE QUIERAS, PERO NO HACER LO QUE QUIERAS CON LO QUE SIENTES

¿ESCUCHAMOS EL SILENCIO?

LO SIENTO

HAZ TU SUEÑO INEVITABLE

AHORA ES AHORA Y DESPUÉS ES DESPUÉS

¿TE RINDES?

CREO EN TI

¿ESTÁS HACIENDO LA PEOR INTERPRETACIÓN POSIBLE?

Más trucos de la comunicación positiva que os ayudarán a que el vínculo con vuestros hijos e hijas sea más bonito:

- Intentad no utilizar demasiado el **«tienes que»** y sustituidlo por un **«me gustaría»**. Así, en vez de «tienes que sacar la basura» podría ser un «me gustaría que sacaras la basura». Con los adolescentes funciona darles un poco de cancha de vez en cuando.
- Como he especificado antes, el «nunca», «siempre» o «jamás» son demasiado categóricos y molestan con facilidad si el que te escucha está susceptible. Qué te parece cambiarlo por un **«muchas veces»**, **«habitualmente»** o **«en ocasiones»**. Así, en vez de «nunca recoges la mesa» podría convertirse en «muchas veces no recoges la mesa».
- A mí me encanta cambiar el **«he de hacer»** o **«tengo que hacer»** por el **«quiero hacer»**. Y cuando oigo a mi hijo decir: «He de hacer los deberes», le pregunto: «¿Has de hacerlos o quieres hacerlos?». Él sonríe y contesta: «Vaaale, quiero hacerlos». Yo, con este truco, nunca tengo que hacer nada, porque no tengo que hacer la cena, sino que quiero hacerla, ni tampoco tengo que escribir un libro, porque quiero hacerlo. ☺
- Otra estrategia fantástica es utilizar esta fórmula de la comunicación positiva que un día nos inventamos y que funciona súper: **«aunque + como me he sentido + algo positivo de la persona»**, cuando debas mantener **una conversación incómoda** (debido a un conflicto o a un mal comportamiento). Por ejemplo: «**Aunque** hoy me has mentido porque no es cierto que hayas ido al cine con las amigas, **aunque me he sentido** triste y decepcionada porque creo que debes ser

suficientemente valiente para decirme lo que ibas a hacer, **quiero que sepas** que te quiero y que me alegras el día con ese beso tan fuerte que me das cada mañana». Veréis cómo el resultado de la charla mejora. Por cierto, la fórmula sirve siempre, ¡en el trabajo también!

- Y otra fórmula es la de la comunicación asertiva: **«cuando pasa X, me siento Y, porque sucede Z, y por tanto necesito y te pido V»**. Una conversación con tu pareja, por ejemplo, podría ser ésta: **«Cuando** abro la nevera y me encuentro los tápers abiertos, **siento** rabia y me agobio un montón **porque** la comida se seca. **Necesito y te pido por favor** que los cierres siempre para que no tenga que tirarla y estar más horas cocinando».

- Un truco que también utilizamos mucho en La Granja es distinguir entre una **opinión y un hecho**. Además de fácil, hace pensar y te sirve en casa y en el trabajo. Cuando, por ejemplo, tu hija adolescente te diga: «Me tienen manía y no me quieren invitar a la fiesta», puedes preguntarle: **«¿Eso es un hecho o es una opinión?»**. O cuando tu pequeño te comenta: «No sirvo para estudiar», repítele lo mismo: «¿Eso es un hecho o una opinión?». La sonrisa aparecerá y evitará que la profecía se cumpla, y también ayudará a que tu hija ponga en duda sus argumentos sobre la relación con sus amigas, fundamentadas en una historia que se ha imaginado basándose en su opinión, que posiblemente es subjetiva.

Y, para acabar, recordad que cuando perdemos los papeles (ya sabéis, el control de la situación: chillar, broncas, etc.), también estamos perdiendo otras cosas: la credibilidad como padres, la coherencia, el ejemplo, la admiración, la paz, la serenidad, la tranquilidad, el equilibrio emocional, el bienestar... **Lo perdemos ¡TODO! ¿Vale la pena?**

Utilizad los trucos de la comunicación positiva y veréis como, en pocas semanas, vuestro estado de ánimo (y el de vuestros hijos) mejorará. **La comunicación es vuestra gran aliada para educar, ¡APROVECHADLA!**

31

Algo sobre el cerebro y el aprendizaje

Hijo, la empatía es música. Son dos personas cantando la misma canción

En un curso chulísimo sobre neurociencia que hicimos en La Granja, y que impartió la experta Laia Casas, amiga y gran maestra, aprendí un montón de cosas curiosas y muy útiles que me ayudaron a entender más y mejor cómo funciona nuestro cerebro, especialmente cuando aprende.

Descubrí que encima de los hombros tenemos una interesante máquina que es un gran órgano de percepción, es decir, de captar muchísima información para poder realizar su misión: tomar decenas de decisiones cada día **con el máximo grado de eficacia posible**.

Durante esas jornadas aprendí la diferencia entre **estrés** y **distrés**. El estrés sirve para activarnos, por ejemplo, ante un reto (¡a ver quién consigue solucionar este problema!). El distrés, en cambio, es negativo porque surge cuando nos sentimos amenazados o en peligro. Sería del todo interesante que los más pequeños pudieran entender la diferencia, y así empezar a prepararlos para asumir el control de todo aquello que les pasa por dentro, que, como ya habéis visto, son un montón de cosas.

Nuestro cerebro es uno de los órganos que más energía gastan, por ello está diseñado para ahorrarla, es decir, **busca siempre ser lo más eficiente posible** (aquello de hacer lo máximo con lo mínimo). A esto se le llama técnicamente la «poda neuronal», que viene a significar que hace que te olvides de lo que sientes que no te será útil. **Nuestro cerebro es muy listo y astuto, no se esfuerza en balde**, es decir, si no vale la pena. Por eso, si el padre o el profe le dicen a un niño «no puedes con las mates», «no vales para esto», «no sirves», el cerebro se lo cree y se bloquea con las matemáticas (¿gastar energía en algo que es imposible? ¡Ni hablar! ¡Me bloqueo!). De manera automática el cerebro asocia las mates **con el dolor**, y como afirmaba el médico y neurólogo portugués António Damásio, la razón (lo que piensas) orienta tus decisiones, **pero es la emoción quien las toma** (es la razón la que sabe que no debes tener ansiedad, pero es la emoción la que tiene la fuerza de hacerte abrir la nevera y comer, obviando hacer demasiado caso a la razón). Por eso el niño o la niña no abrirá el libro de mates, y si lo hace, poca cosa entenderá debido al bloqueo, a no ser que sabiendo todo esto, porque ya se lo hayamos explicado, entienda su reacción, sin sentirse ni tonto ni inútil porque no le entran los conceptos en la cabeza. Si se da cuenta de que es una respuesta natural del cerebro, puede modificar la situación y aprender matemáticas sin demasiadas dificultades.

Todo lo que nos afecta emocionalmente es más significativo para este órgano, porque lo ha sentido, notado o le ha conmovido. Por ello habréis oído muchas veces decir que **sin emoción no hay aprendizaje**. Pues es cierto, estamos diseñados así.

También estamos proyectados para aprender más fácil y rápidamente (memorizas más contenido en menos tiempo) **si te acompañan las emociones agradables**: un ambiente positivo en casa, en el cole o en el trabajo, sentir confianza, ilusión, curiosidad, seguridad o aprecio mejora tu capacidad de aprendizaje y trabajas más rápido y con más eficacia.

Los humanos estamos fabricados **para aprender siempre, ¡toda la vida!**, excepto cuando hay lo que se denomina un «apagón emocional», es decir, cuando nada se mueve. Suele pasarles a esos jóvenes que han tenido muchos fracasos mientras estudiaban, con lo que su mente les dice tantas veces «no sirves» que dejan de intentarlo. También estamos diseñados para no aprender cuando vivimos en ambientes negativos o amenazantes (*bullying*, miedos, desconfianza, inseguridad) porque la mente te prepara y se ocupa más de que sobrevivas que de memorizar la lección del día. Aquí es interesante recuperar el capítulo del miedo, donde explicaba que reaccionamos igual ante un miedo real que ante uno imaginario (por eso es vital tener bajo control nuestros temores y nuestras sombrías interpretaciones de las situaciones).

El cerebro aprende más de la simplicidad que de la complejidad; por este motivo es clave que facilitemos el aprendizaje, para dejarles huellas en vez de cicatrices. Los niños, los más pequeños, tienen ese poder de hacer fácil lo difícil. Recuerdo a Geraldine, una preciosa criatura de 10 años que nos dijo, después de estar tres días de campamento con su colegio: **«La empatía es música. Son dos personas cantando la misma canción»**, y cuanto más pienso en la frase, más cuenta me doy de lo cierta que es; para que dos personas canten a la vez, con la misma letra, con el mismo ritmo y entonación, deben mirarse y entenderse, ¡y eso es la empatía!, ¡es música! No hay vuelta de hoja: jugando y disfrutando es cuando aprendemos lo fundamental de la vida y lo recordamos siempre.

¿Sabéis?, **aprender no debería ser doloroso, sino placentero.** Como veis, ése es nuestro destino. **¿Le ayudamos un poquito más?**

32

Quiérete

Quererse es una difícil lección que todos debemos aprender a lo largo de la vida y en nuestro día a día, porque es variable y cambiante. La autoestima es voluble, como ya hemos hablado, y compleja porque no depende sólo de la familia, del colegio o del ambiente en el que vives, sino también de los temperamentos, caracteres y circunstancias de la vida, de los años que pasan, del entorno, de cómo creces, de la profesión, del jefe, la pareja, los amigos o los hijos.

Si hemos trabajado con nuestros hijos su autoestima, el autoconocimiento y el resto de los aspectos que he ido desgranando en cada capítulo, creo que podemos ayudarlos a iniciar y encarar la etapa de la adolescencia, con una frase para que puedan tener bajo control las dudas que emergen en la ESO, y que demasiadas veces se lleva consigo la seguridad y la confianza construidas en su infancia: «Hijo, **quererte es la primera lección que debes aprender ahora que empieza la ESO**, más importante que las mates o la física. Cada tarde estudiarás unas cuantas horas, y te pido que, dentro de esos deberes diarios, recuerdes escribir los motivos por los que te mereces quererte y que te quieran».

Relacionado con el tema de quererse en la adolescencia, escribí esta carta a una jovencita adorable, dulce y toda una artista que, aun habiendo vivido una infancia feliz, se olvidó de hacer estos importantes deberes durante sus tardes de estudio. Había sido una de mis niñas de La Granja, la adoraba, era de las que te enamoran, pero sucumbió a las dudas y a la desconfianza de su propia existencia. Una vez escrita y publicada, curiosamente, se me acercaba gente (madres incluidas) que me preguntaba: «Hablabas de mí, ¿verdad?». Y cuando les contestaba que no, se extrañaban comentando que se sentían absolutamente identificadas.

Juzgad vosotros mismos, pero tal vez os resultará sorprendente que haya tantas personas que se sientan así. Por si resulta de ayuda, aquí tenéis la carta que escribí a mi niñita preciosa:

Te avergüenzas de ti, de tu cuerpo… no tienes aquellos ojos, aquella figura, ese brillo y esplendor, esa seguridad que ves en las otras. Sueñas con ser todo aquello que no eres, y te repites constantemente: si fuera más alta, si fuera más delgada, si fuera más divertida y atrevida… no tendría problemas. Sientes que es natural que los otros también se avergüencen de ti y te cuesta tanto creer en ti misma, que el resto tampoco lo hace.

A veces no hace falta una palabra, ni un insulto, sientes que las miradas hablan por sí solas y te dicen claramente que no son capaces de ocultar la decepción que causas cuando alguien te observa. Crees que mereces el desprecio, incluso la ofensa, y tienes la certeza de que no puedes ser amada por nadie, y mucho menos por ti misma. Te sientes transparente, nadie te ve, nadie te mira, no te quejas, no haces ruido… y en este punto empieza el asco, y con él, la muerte en vida. Es posible, niñita mía, que no seas la más bonita, ni la más lista, ni la más ágil, pero… **¿quién lo es?** ¿Qué consigue que alguien sea mejor que otro? ¿Unos ojos azules? ¿Un cuerpo huesudo? ¿Un 10 en el examen?

¿Sabes?, muchas veces detrás de ese cuerpo hay horas de gimnasio; detrás de ese 10, sacrificio y estudio; detrás de estilo vistiendo, horas de tiendas... y detrás de una sonrisa, de un caminar firme y de una espalda recta y segura, **lo que hay son muchas horas de quererse a una misma y, sobre todo, de saberse perdonar los defectos y los errores**. Sentirse digna y merecedora de ser querida es posiblemente el arte más difícil de dominar, por eso es vital que empieces ya a entrenarte. **¿El primer paso?** Deja de juzgarte y **dedícale una sonrisa a todas tus imperfecciones.** ☺

¡Ámate, mi niña! Es la lección más importante **para sentir que existes y que estás viva.**

Amigos y amigas de lectura, si os encontráis a alguna jovencita o jovencito que pueda sentirse así, por favor, ¿os encargaréis de leerles esta carta a ellos también?

33

Los padres «dron»

HIJO, NO QUIERO UN CLON, TE PREFIERO A TI

Los padres y las madres «dron» son un nuevo tipo de progenitores que, por mi trabajo, he visto nacer y ahora extenderse. Son los que ejercen su paternidad o maternidad con una necesidad imperiosa de saber y de tener bajo control absolutamente todo lo que tiene que ver con su criatura. Les aterra que su vástago pueda sufrir cualquier contrariedad en todos los ámbitos de su vida (en los estudios, en sus relaciones sociales, en sus hobbies, en sus aspiraciones o sueños, en lo que sienten, en lo que piensan, en lo que dicen). **Es como si se hubieran creído que su obligación y su responsabilidad** como papás o mamás sea que sus hijos e hijas se sientan felices cada segundo del día. Todo ello, como es natural, les hace estar revoloteando a su alrededor constantemente, controlando hasta el más mínimo detalle, y, de paso, ir estresados todo el día, pues su objetivo es literalmente imposible.

Muchas veces estos padres **se sienten amenazados, como si el mundo estuviera en su contra y nadie los entendiera** (el maestro no ayuda tanto como querrían, las mamás de los compañeros de clase no hacen casi nada si se meten con su niño...). Por supuesto, no se dan cuenta de que es al revés, quiero decir que **quienes van**

en contra de la naturaleza del mundo son ellos y sus creencias. El mundo es maravilloso, **pero también duele y pincha**. Y unos padres y madres perfectos creen que deben obviar esa parte a sus retoños hasta que sean suficientemente mayores para poder afrontarla. Pero, claro, como no los entrenan, difícilmente aprenderán lo que es la fortaleza interior, la responsabilidad o la autonomía que necesitarán para hacerlo (básicamente porque es cuando somos pequeños que nos resulta más sencillo aprenderlas).

Parece ser que estamos pasando de los **padres «helicóptero»** (los que, infatigables, dan vueltas alrededor de sus hijos e hijas) a los **padres «dron»**, en una versión más sofisticada, pues, aunque en los dos casos la vigilancia y la sobreprotección son lo que los define, con el dron ya no hace falta ni el piloto, van con el control remoto y son capaces de dirigir e influir estando a kilómetros de distancia.

Como ejemplo os hablaré de casos reales y cada día más frecuentes: los drones son los padres y madres que quieren decidir con quién ha de sentarse su hijo o hija en clase sin escuchar al maestro siquiera. Son los que con el grupo de WhatsApp consiguen cambiar el comportamiento del resto, obligando, por ejemplo, a que se invite a toda la clase a los cumpleaños. Son los que llegan incluso a prohibir a una profesora que un compañero de clase se acerque a menos de diez metros de su hija, bajo amenaza de denuncia (¡lo que os cuento es real!). Son los que exigen que el maestro justifique por qué se cayó su retoño en el patio, creyendo que los educadores son pulpos con veinte manos y la habilidad de evitar que un crío se tropiece. Son los que creen que pueden decidir qué días deberían poner los deberes para combinarlos cómodamente con sus extraescolares, como si lo más natural fuera que el mundo girara en torno a sus necesidades. También son los que, incluso a decenas de kilómetros, consiguen que en los campamentos escolares de dos días los profesores tengan que lavar el cabello a todos sus alumnos con jabón y suavizante, anteponiendo lo que ellos creen que es importante (lavar el pelo) al objetivo de los maestros (que los niños y niñas respiren naturaleza y jueguen en libertad sin tantas tonterías).

Son los que no se han enterado aún de que los niños son eso, niños, y que deben, necesitan **con urgencia poder equivocarse, mancharse, caerse e incluso liarla y después resolver ellos solitos su estropicio**, pues es ahora, con estas edades, cuando lo aprenden en un periquete.

Sinceramente, pienso que debe de ser difícil ser un niño o una niña con un padre o madre «dron». Observo cómo a los pequeños les resulta agobiante todo este incesante control, porque es como tener una **cámara enfocándote y obligándote a hacer siempre lo correcto y ser perfecto. Difícil que los pequeños se equivoquen, pues el dron está ahí para controlar que ese despropósito no pueda suceder**.

«¿Cómo detectar si eres una madre o un padre «dron»?», me preguntan. Te aproximas a serlo cuando te sientes intranquila si no sabes o no tienes bajo control todo lo que rodea a tu hijo o hija. Y empiezas a acercarte peligrosamente si, además, te has creído que tu obligación es que tu crío sea feliz por encima de todo, y has olvidado que el deber de una madre es, por un lado, amar incondicionalmente a tu hijo y, por otro, entrenarlo en aquellas habilidades que necesitará para ir por la vida (ya sabéis, la empatía, la fortaleza interior, la autoestima...). Y tanto amar como entrenar tienen poco que ver con el control y mucho con confiar en nuestros pequeños, y en todas sus posibilidades.

¿Cómo cambiar tu forma de protegerlos para no ser un agobio para ellos y ellas? Primero, sabiendo que los niños y las niñas necesitan desesperadamente **no ser los más listos, ni los más guapos, ni tampoco los ideales**. No los comparemos con los otros niños de clase; él es él, ella es ella, y sólo por eso deben sentirse queridos. Y, segundo, lo que tanto repito: no haciendo tú nada que pueda hacer él o ella, **porque así le ayudarás a aumentar su autoestima y su autonomía**. Si suspende un examen, que sea él quien lo afronte, no lo excuses. Si se puede hacer el bocadillo, no le ayudes, porque así aprovecharás todas las oportunidades del día a día para entrenarlo en las habilidades que necesitará para ir por la vida sin darse más batacazos de la cuenta (la responsabilidad, el trabajo en equipo, la comunicación positiva, el agradecimiento...).

Como siempre, vosotros escogéis, vosotros decidís... Pero **¿os parece que dejemos que los drones sigan siendo sólo unas máquinas que vuelan?** ☺

34

Los hijos retadores

Hijo, lo que marca la diferencia no es lo
que sientes, sino lo que haces con lo que sientes

Cuanto más retador, desafiante y guerrero es nuestro hijo o hija, más grande has de ser tú como padre, madre o educador. No os voy a engañar, después de tantos años viendo niños y familias, es lo que observo, y cuanto más claras estén las cosas, antes solucionaremos el reto. Y creedme cuando os digo que un niño o una niña desafiante **¡es todo un reto!**

Si apunta maneras desde la infancia, yo lo que haría sería empezar a prepararme y a formarme ¡ya! para tener todos los recursos disponibles a mano, y no dilataría acometer un buen trabajo de crecimiento personal, es decir, de autoconocimiento, porque sé que lo necesitaré para cuando llegue la adolescencia y deba tirar de la cuerda con firmeza, mientras el chaval posiblemente tirará con fuerza y rabia desde el otro extremo. Esa firmeza de la que os hablo, la que sustenta la cuerda, lleva intrínseca para mí la coherencia, la autoridad, la seguridad y la confianza en ti mismo, además de una sana autoestima, empatía, una valentía potente y no dejarse llevar por los miedos. En nuestro extremo de la cuerda mejor que no haya la impaciencia, el desespero, el sentimiento de que has fracasado, estás desorientado o perdido, sobre todo porque eso es lo que muy probablemente sentirá tu hijo o hija a medida que crezca, y sería una estrategia inteligente que en el hogar sólo hubiera un miembro con una actitud semejante, ¿no?

He conocido a muchos niños y niñas retadores, y todos tienen algo en común de pequeños: **su fuerza, su seguridad y su inteligencia**. Son unos verdaderos cracks porque siempre pienso que tienen la fortaleza suficiente para cambiar el mundo (esperando que sea para mejor, ¡no para peor!). Pero es cierto que educarlos requiere dedicación, perseverancia, paciencia y mucha energía, así como **una fuerza, una seguridad y una inteligencia en exactas proporciones** que las de tu vástago (o, si lo preferís, un poco más, ¡pero nunca menos!). El hecho de vivir sobreocupados, estresados y acelerados no ayuda a tener una visión global ni a construir estrategias preventivas a largo plazo, con lo cual todo acaba siendo aún más difícil.

Pero si es lo que hay, **los lamentos aquí no sirven para nada**, de modo que os invito a que utilicéis todos los trucos y estrategias de este libro, y de todos aquellos que podáis leer y consideréis que están alineados con vuestros valores, creencias y vuestro sentido común. La clave está en que **cuanto más sepáis, más ventaja tendréis**.

Uno de los trucos que yo utilizo con estos pequeños es el de **la sinceridad**, y les digo lo que pienso: que son los que están en este mundo para hacerlo mejor porque tienen la fuerza para conseguirlo, y también para proteger a los que son más frágiles. Nunca jamás subestimo su inteligencia y sé con certeza que a los dos segundos ya me han calado (se dan cuenta de qué pretendo e incluso cómo lo haré), así que pongo mucha atención en entenderlos para evitar juzgarlos. Por supuesto, son los que me ponen las pilas porque estar a su altura no es nada fácil, pero confieso que les tengo un enorme respeto y sobre todo me maravillan porque son enormemente auténticos y, por lo tanto, únicos y diferentes al resto. De verdad que cuando los tengo delante siento que es como si la misma esencia humana estuviera ahí, desnuda y sin máscaras. Me intrigan y a la vez me seducen con su enorme personalidad y, por algún motivo, la mayoría de las veces acabamos conectando y creando un vínculo especial, de un profundo cariño. No sé, pero me resultan fascinantes, de verdad, y muchos de ellos me tienen absolutamente enamorada.

Al ser más intensos en todo, sus reacciones ante una situación pueden ser también más agudas, y cuando empiezan a crecer, a veces las cosas se complican y la cuerda de la relación entre padres e hijos se rompe. Los motivos son diversos: **problemas familiares que les impactan** (separaciones traumáticas, enfermedades, paro, fallecimientos, problemas en casa...) y que influyen en un cambio de comportamiento, **las adicciones que tanto daño causan** (cannabis, redes sociales...) porque los llevan directamente al mundo de la patología, y **las relaciones tóxicas** con amigos o amigas que los desorientan y/o alejan de los valores en los que han sido educados.

Como he dicho, con estos chicos y chicas siempre recomiendo tener buenas estrategias pensadas, ser nosotros más listos que ellos y, sobre todo, trabajar preventivamente utilizando recursos fáciles o que nos ahorren un montón de trabajo a los padres y madres, como, por ejemplo, que hagan deporte (que sean variados y que empiecen desde pequeños, para que cuando lleguen a la adolescencia podamos animarlos a que escojan uno y lo practiquen a nivel de competición, lo cual los mantendrá ocupados y más sanos).

Pero, por encima de todo, nunca tiremos la toalla, se merecen que no perdamos la esperanza; recordad que el cerebro siempre está aprendiendo, especialmente cuando lo hace en actividades vivenciales, como Marc, de 15 años, que nos comentó: **«He aprendido a utilizar la rabia para construir, no para destruir».** ¡Bravo, Marc! Gran lección. O un polvorilla llamado Nico, que con tan sólo 9 años ya confesaba: **«Me llevo la semilla de la paciencia porque a veces estoy tan nervioso que el día se me hace largo».** Fantástico, ese «darse cuenta» supone un pequeño paso, pero muy importante.

Aunque mis niños y niñas retadores se hacen mayores, y muchos son ya adultos, para mí siempre serán eso, mis niñitos. Esta carta la escribí a la mamá de uno de mis cracks, uno de los más retadores, extremos, guerreros, desafiantes, provocadores, duros, tozudos y tercos que he tenido, pero que me sigue teniendo el corazón robado. Pensando en este chaval, que en estos momentos es como un barco a la deriva (ya he mencionado varias veces en estas páginas que utilizo mucho la metáfora porque es un idioma que todos entendemos y su mensaje va directo a nuestro inconsciente), quise que la madre viera lo que yo veía en él, y la animaba a que siguiera sustentando la cuerda con firmeza porque, a pesar de los líos en los que se ha metido el muchacho, sigue teniendo un montón de cosas bonitas:

Él es como un barco, fuerte, hermoso y vigoroso, y bien construido, pero que navega con todas y cada una de sus velas desplegadas al viento, mas no hay timón, ni ningún capitán que diga «hacia allí quiero ir». Así que, cuando sopla un viento fuerte, no hay precaución, ni preocupación, ni siquiera un poco de control para bajar las velas y evitar estar a expensas de ese vendaval que él no domina. Simplemente se deja llevar por las circunstancias, es decir, por el tipo de viento del momento: mistral, levante, gregal, tramontana... qué más da, como no sabe adónde ir, cree que todos los vientos le son favorables y avanza a toda vela como si se le escapara la vida.

Y así pasan las horas, los días... ¿Dónde dormirá el barco esta noche? ¡Aún quedan horas para la oscuridad! Ya veremos según avance la tarde. La intensidad del viaje no importa, el riesgo tampoco, y el barco puede incluso llegar a encontrar atractiva **su danza con el peligro**.

Sólo cuando se acerca peligrosamente a un acantilado y siente que las rocas amenazantes y afiladas, deformadas por la fuerza de miles de olas violentas, quieren engullirlo, se asusta e instintivamente coge el timón con fuerza y vuelve a casa, a ese puerto que hace días no visita... Pero el sobresalto queda olvidado pronto, una noche, tal vez dos, y vuelve a zarpar. No puede evitarlo, es un barco aventurero que busca desesperadamente **algo que le llene, algo que le dé sentido**, **una misión que le haga sentirse útil, vivo, importante**.

Y lo que pasa es que ese barco, fuerte y vigoroso, aún no ha descubierto que **lo que busca**, la gran aventura de la vida, el sentirse vivo, **no está en el océano, ni en el viento, ni siquiera en los acantilados**... Está **en el corazón del barco**. Pero él eso no lo sabe... **aún**.

Ojalá nunca tengáis que sentir que esta carta va dirigida a vuestro hijo o hija, deseo de todo corazón que nunca tengáis que dormir sin saber dónde estará vuestro pequeño. Pero, si os pasa, os propongo una idea, que copiéis esta carta a mano en un papel, de vuestro puño y letra, y se la dejéis en el cojín de su cama, para que la lea cuando venga a dormir. Y si aún es pequeño o pequeña, pero apunta maneras, leédsela como un cuento más antes de dormir, y preguntadles qué creen que significa el puerto, quién es el barco (¿él o ella ya se siente así?), qué significa el viento (los amigos, el entorno) o el acantilado (los peligros)... Y escuchadlos, sólo **escuchadlos para entenderlos**.

Recordad que los padres y las madres somos ese puerto recio que no sucumbe incluso con fuerte oleaje, los que estamos siempre dispuestos a coger el cabo para amarrar el barco que llega otra vez desilusionado y vacío. Pero no a costa de que destruyan nuestro amarre, nunca a cambio de que nos insulten o nos desprecien, especialmente si hay hermanos en casa.[10]

Os cuento todo esto porque **es vital que ese puerto sea fuerte y estable**, vuestros chavales necesitan que los padres estéis firmes, seguros y confiados para cuando lleguen. **Y lo necesitan desesperadamente porque están perdidos... pero vosotros no, ¿verdad?**

35

La mitificación de la maternidad

HIJO, SI JUZGAS, NO ENTIENDES, Y SI ENTIENDES, NO JUZGAS

Una vez me preguntaron sobre la mitificación de la maternidad, pues en las redes había un encendido debate sobre lo que no te explican de ser madre y padre, ya sabéis, los puntos grises o incluso negros, pues los tonos rosas y el cuento de hadas los tenemos todos ya tan claros, repetidos e interiorizados que cuando éstos no se cumplen por algún motivo, nos sorprendemos mientras nos sentimos los peores padres y madres del mundo mundial por no haber sentido aquello o no haber conseguido lo otro.

Así que, **por si no te lo dice nadie**, te explico algunas de las cosas que comporta tener un hijo o una hija:

1. Cuando nazca tu bebé probablemente sentirás el mayor miedo que jamás hayas percibido. O lo controlas, o será esta emoción la que eduque a tu hijo o hija en tu lugar. En estas páginas tienes trucos y la información necesaria para evitarla. ¡Tú decides!

2. Un hijo o hija amplifica tus carencias personales, es como un espejo que refleja y aumenta una parte de ti que a veces no te gustará ver. Te sentirás vulnerable, tus temores serán

mayores, tu ansiedad o mal genio también, tu autoestima puede debilitarse, tu inseguridad acrecentarse... Pero también lo positivo se ampliará en ese espejo, así que céntrate en ello y aprovecha lo que no te gusta de ti para mejorarlo.

3. Los niños hacen tu vida muy intensa, tanto cuando sonríen como cuando lloran. Acostúmbrate, adáptate y no luches contra la intensidad de lo que sientes, sólo gestiónala de manera positiva.

4. Te obligan, quieras o no, sepas o no, a hacer un trabajo de crecimiento personal. Guay, ¿no?

5. Necesitarás un montón de recursos para tolerar la frustración cuando no te hagan caso... Recuerda que es cuestión de entreno. ☺

6. Tu vida será más interesante, nunca sabes lo que va a pasar y te acostumbrarás a la incerteza. Lo de vivir una especie de aventura diaria, donde tendrás que hacer mil y una filigranas para llegar a todo, se acerca a lo que posiblemente te pasará.

7. Si el niño o la niña te sale retador, es fácil que te olvides de ti (y de tu pareja) y te sientas culpable buena parte del día. Recuerda que detrás del sentimiento de culpabilidad hay la emoción del miedo, y éste te paraliza. Y lo que menos necesita un niño o una niña desafiante es un papá o una mamá estancada y pasiva. Recuerda los capítulos de la fortaleza, la sobreprotección y la valentía.

8. Si te sale obediente, te sentirás el mejor padre o madre del mundo y posiblemente te dé por criticar a los otros progenitores. No lo hagas, porque esos padres y madres lo notarán y no te soportarán. **Recuerda que si juzgas, no entiendes, y si entiendes, no juzgas.**

9. La presión por ser padres y madres perfectos y tenerlo todo controlado puede convertirte en agobiante, obsesivo y pesado. Los primeros que se atreverán a decírtelo serán los abuelos; escúchalos, porque sus palabras suelen ser sabias, por mucho que te moleste (que se dude de ti como mamá o papá irrita, lo sé). Pero recuerda que ellos han pasado por la misma situación. Y escuchar no significa hacer lo que te dicen, ¡sólo tenerlo en cuenta!

10. Un hijo o una hija te abre la puerta al mundo de la incertidumbre, siempre dudas y temes no escoger la opción correcta. ¡Bienvenido al club! Recuerda que la dificultad no radica en lo que eliges, **sino en aquello a lo que renuncias**. Y no pierdas tu sentido común; lo tienes, recupéralo y úsalo.

11. Te obligan a organizarte al detalle, viajas con el maletero lleno como si no hubiera un mañana «por si...». ¡Ah!, y cambiarás ir a cenar por ir a comer para no romper rutinas y porque estarás agotado o agotada a partir de las diez de la noche.

12. Un crío te obliga a adaptarte a casi todo, incluso a aceptarlo tal y como es (aunque rompa en mil pedazos tus expectativas). Aun así, ¡amarás incluso sus defectos!

Aparte de esto, los hijos y las hijas son la leche, una gran aventura que **merece la pena vivirla**, y si puede ser con un toque de humor cada día, ¡mejor!

36

El grupo de WhatsApp de las mamás de clase

HIJO, INTENTA HACER MÁS LO QUE CREES
QUE TIENES QUE HACER Y NO TANTO LO QUE
LOS DEMÁS ESPERAN QUE HAGAS

Ya os avanzaba en el capítulo 3 que ampliaría la historia de la madre de WhatsApp, la de «botella de agua o cantimplora». ¡Ah!, por cierto, titulo el capítulo como «El grupo de WhatsApp de las mamás de clase» intencionadamente pues el 94 % de las conversaciones de estos grupos tienen como protagonistas a las féminas. Cierto que en ellos también hay padres, y que a veces son peores y más intensos que muchas madres juntas, pero éste es un mensaje directo a las fervientes usuarias del grupo de clase.

Ahí va mi pequeña investigación sobre el artilugio del WhatsApp de clase:

Me reúno con un grupo de mamás para entender la utilidad del grupo de WhatsApp de clase, ese que parece haberse convertido en imprescindible para muchas, y para averiguar cómo es que yo, una madre de dos jóvenes, ha logrado sobrevivir sin susodicho artilugio.

Una de las mamás me enseña cómo a las 6.28 horas de la mañana le llega un mensaje: la autora del mismo cuenta que su hijo tiene fiebre y pregunta si alguien más está enfermo. No entiendo el objetivo de la pregunta, y menos a esas horas. ¿Tal vez se quede más tranquila sabiendo que no es la única?

Otra me cuenta que recibió un mensaje a las 1.12 horas de la madrugada preguntando si a la excursión del día siguiente llevarían cantimplora o botella de agua, pues no quería que su vástago se sintiera diferente, y si todos iban igual, se quedaba más tranquila. Aquí sí entiendo lo que necesita la madre, seguridad, **que alguien responda «cantimplora» para llevar cantimplora**. Tal vez les quede lejos recordar sus días de infancia cuando iban de excursión, pero os aseguro que los niños de 3 o 4 años ponen su atención en jugar o en el caballo y la vaca que verán, no en la botella de agua. **Parece ser que lo que opinen o hagan los demás está sustituyendo** nuestro propio modelo sobre cómo y en qué queremos educarlos. Pero hay que ir con cuidado, pues si nuestros hijos o hijas detectan inseguridad y dependencia, probablemente copiarán nuestro comportamiento. Y no nos quejemos después cuando tengan miedo a equivocarse, si resulta que nosotras somos de las que necesitamos que nos digan «cantimplora» para quedarnos tranquilas. En este sentido, **imagino que a la mamá en cuestión no se le ocurrió hacer una pregunta muy simple a su hija**: «¿Qué quieres llevar, cariño, botella o cantimplora?». Los niños de 4 años son capaces de tomar esa decisión. Tal vez deberíamos cuestionarnos: **«¿Qué ponemos por delante?, ¿lo que dice el grupo o lo que prefieren nuestros hijos?»**.

Me hablan de los mensajes banales: veinte avisos con emoticonos diferentes felicitando el cumpleaños de una niña y, como son veinticinco niños, más santos, vacaciones y Navidades, el pipi del WhatsApp resulta ser una «pesadilla», según palabras literales de las madres. Lo que no entiendo es ¿para qué? ¿Para sentirse protagonistas?, ¿necesidad de reconocimiento? ¿No tenemos familia y amigos que nos feliciten el cumpleaños?

Veo también los mensajes sobre los deberes de clase... y **me resulta increíble tal sobreprotección**. Parece que, además de ser la mamá la que trabaja todo el día, la que compra, la que limpia, la que riñe, la que pone la lavadora, la que los lleva al médico... ¡ahora resulta que nos hemos autonombrado secretarias de nuestros vástagos! Brillante decisión, así aumentamos nuestro estrés y, de paso, **enseñamos a nuestros pequeñines una útil habilidad: la irresponsabilidad**. «Responsabilidad» tiene su origen etimológico en la palabra «responder», aunque son ellos los que deben responder de sus deberes y de sus obligaciones, no nosotras. Pero **¿se lo estamos permitiendo?**

Sigo viendo más cosas en esta interesante reunión, como, por ejemplo, las madres que preguntan dónde comprar unas deportivas blancas sin dibujo, o a qué campamentos los apuntarán para que vayan todos juntos, como si no tuvieran a nadie más de confianza a quien preguntar. Curiosamente, una de las expresiones más repetidas en los mensajes es **«así me quedo tranquila»**, demostrando una **fe inquebrantable** en el grupo, **sobrepasando la que debieran tener en el maestro o maestra de la clase, que es quien realmente sabe de educación y conoce a nuestro hijo o hija**. Muchos profesores me cuentan las confusiones que provoca el WhatsApp, pues se dan recados imaginarios de su parte que éstos nunca mencionaron o se traen cosas diferentes a las de la lista porque en el grupo alguien lo ha dicho. Los profesores confiesan incluso: **«¡Es que hacen más caso al WhatsApp que a mí!»**.

En cuanto a **las celebraciones de los cumpleaños**, creo que merecen un capítulo aparte, propio de los hermanos Marx. Si éstos levantaran la cabeza, dedicarían no una escena, sino una película entera a las perplejas situaciones que se dan. Este **artilugio de comunicación de todo y para todos** obliga, literalmente, a invitar al conjunto de la clase, lo cual conlleva una pequeña dificultad: en pocos hogares caben veinticinco criaturas corriendo por el pasillo. Pero el grupo tiene una brillante solución: se juntan los cumpleaños de cada mes y se celebra en un chiquipark. Brillante si no fuera porque se convierte en una imposición que conlleva hipotecar un fin de semana al mes a veinticinco familias. **El mundo de las personas es complejo**, las agendas de todos están llenas de compromisos y el sentimiento de amenaza ante una posible falta de libertad está muy presente, con lo cual un simple cumpleaños se convierte en todo un despropósito que genera enfados y malos humores.

Hay padres y madres que desean, legítimamente, que el cumpleaños de sus hijos o hijas sea íntimo y especial, o que no soportan el estrés que provoca un chiquipark con decenas de regalos, así que crean un subgrupo para invitar a los amiguitos y hacerlo en casa. Pero como al final todo se sabe, sobre todo porque los críos hablan libremente, **al margen de las historias que se montan sus padres**, se lía, es decir, todo el grupo critica a los del subgrupo, tachándolos de insensibles, malos compañeros y peores personas pues han herido **la, imagino, débil sensibilidad de los no invitados** (¿o quizá la de sus padres y madres?). Y algo tan dulce como el cumpleaños de una criatura de 5 años se convierte en motivo de desavenencia y malestar.

De verdad que me cuesta entender cómo somos capaces de complicarnos tanto la vida. Ya hay suficientes problemas para que nos inventemos unos nuevos... y tan estúpidos, ¿no?

Todos queremos sentirnos libres y ser autónomos, tener capacidad de decisión, pero nos convertimos en dependientes y prisioneros de un pequeño aparato, comportándonos como verdaderos corderitos detrás de lo que dice. ¿Y sabéis lo que es peor? **Lo que ven y aprenden nuestros hijos e hijas de las muchas situaciones ridículas que se generan**, como las críticas o la dependencia de un móvil para decidir si escogemos **¡la cantimplora!**

¡Y luego nos asusta que ellos sean dependientes de los demás! ¡Pues vamos listos! Si incluso las escuelas deben ponernos normas de uso a los papás y mamás, como si fuéramos colegiales.

Sinceramente, confieso que el grupo de WhatsApp es un verdadero despropósito si no tiene eso, **un propósito claro, un sentido**. Si las nuevas tecnologías han llegado para quedarse, al menos seamos inteligentes y hagámoslas útiles, y no una pesadilla sin control, como me dicen los propios usuarios de los grupos.

Sé que he tenido suerte de que este invento me haya llegado tarde, porque ir a contracorriente es difícil y te hace dudar mucho como madre y como educadora. Recuerdo mi miedo a que sufrieran o lo pasaran mal, y ahora veo que yo tuve la fortuna de no exponerme a sucumbir a la tentación de hacerles el camino demasiado fácil y sin piedras, pues no existía este *sacapiedras del camino* llamado «grupo de WhatsApp de clase».

Y entonces **hago la gran pregunta** a este grupo de mamás con las que hablo: **¿Y por qué estás?, ¿por qué no te vas del grupo?»**. «Me siento obligada», «quedo mal», «hablarán de mí», «es horrible, suena todo el día, pero ahora lo he silenciado y por la noche leo los sesenta mensajes seguidos», «si dices que no quieres estar, eres motivo de comentarios y haces más ruido que si simplemente no contestas», «estoy porque, si no, es como quedarme fuera de la clase»... **Ya, pero, chicas, es que estáis fuera de ella, en la clase están vuestros hijos e hijas, no vosotras.** Y recibo por respuesta... silencio.

Y entonces se me ocurre hablarles de una encuesta. En varios asilos de Estados Unidos preguntaron a los ancianos de qué se arrepentían y una de las respuestas más repetidas, ¿sabéis cuál fue?, **que se arrepentían de haber hecho más lo que se esperaba de ellos en vez de lo que ellos creían que deberían haber hecho**; es decir, la mayoría se arrepentían de no haberse atrevido a ser más ellos mismos.

Nosotros aún estamos a tiempo, y alguien ha de ser el primero en atreverse a decir lo que piensa sobre cuál ha de ser el propósito y la utilidad del WhatsApp de clase, incluso plantearse si realmente es necesario.

Y, para acabar, por qué no regalarnos una pregunta: qué querríamos contestar cuando seamos ancianos y nos pregunten «**¿de qué te arrepientes?**».

37

Cuando ser valiente no es una opción

Hijo, ¿con qué miedo descubriste que eras valiente?

Debido a mi trabajo colaboro con diferentes entidades y causas sociales. Dos de ellas son el Instituto Guttmann y el internacionalmente conocidísimo Hospital infantil Sant Joan de Déu, que reconozco me ha robado el corazón enterito. Para mí, uno y otro son de esos lugares en los que, cuando entras, comprendes que allí ser valiente no es una opción, **es la única posibilidad, la única salida**, sobre todo si es tu hijo o hija quien debe permanecer ingresado en una de sus habitaciones.

Cuando los visitas por primera vez sabes que debes tragarte tus miedos y esas lágrimas que luchan por salir cuando la imagen ante ti de ese niñito enfermo, o de esa joven triste sentada en una silla de ruedas, se torna insoportable. Sonreír y seguir adelante para emplearte en lo que debes hacer requiere fortaleza y valentía, pero no tanto por ti, sino por él o por ella.

Si el valor es algo, sin duda es eso, **ser capaz de no escapar de lo que sientes, quedarte allí y seguir mirando** hasta que te das cuenta de que sí puedes sostenerlo, que es soportable a pesar del miedo, o incluso del terror que sientes si es tu pequeño el que está allí dentro.

Algunos padres me cuentan que lo peor es la primera mala noticia, donde el pavor, el espanto o el horror se apoderan de ti de tal manera que no te dejan ni respirar; dicen que es como si los pulmones hubieran decidido dejar de funcionar, como si se estrecharan en una especie de complot en toda regla, y tanto el diafragma como las cuerdas vocales se tornaran tiesas cual palo de escoba. Es como ahogarte sin ahogarte, es como querer hablar estando mudo. El sentido de amenaza es tan intenso que el cerebro racional queda casi anulado (por eso a veces ni preguntan, se quedan como en estado catatónico por el impacto). El miedo intenso es la emoción que hay detrás de todo ello, y recordad que nos paraliza (en este caso, de la manera más literal posible).

Por supuesto, preferirías mil veces que la mala noticia tuviera que ver contigo, no con tu niño o niña, pero cuando entras en estos lugares, no eres tú quien escoge a qué miembro de la familia debe tratar el médico. Nuestro único papel aquí es actuar de la mejor manera posible, es decir, la más inteligente, es decir, **aquella que posibilita crear las mejores circunstancias**, las más idóneas posibles para ayudar indirectamente a que nuestro hijo o hija se cure. La negación, la no aceptación, la rabia, la tristeza o el miedo no son de mucha utilidad en esos momentos (de hecho, son contraproducentes). Sólo la valentía (el valor verdadero), la serenidad, la actitud positiva que genera esperanza (evitar hacer la peor interpretación posible), la paciencia y un poquito de humor **son tus únicas alternativas, tus mejores cartas para jugar la partida**. Y cuando la vida de alguien es lo que está en juego en esa baza, mejor no fastidiarla de entrada, ¿no?

A veces, cuando las circunstancias obligan a un cambio en el modo de vida, aceptarlo cuanto antes es una alternativa inteligente. Leí una vez que cuando Irene Villa, la niña que con 12 años perdió las dos piernas debido a un terrible atentado de ETA, y estaba en el hospital, fue su madre quien le dio la mala noticia, y acto seguido le comentó: **«Esto es lo que hay y con ello vamos a tener que vivir las dos, así que no te lamentes y empecemos a aceptarlo».** Puede parecer una conversación un poco brusca, pero ella afirma que le fue genial para dejar la queja de lado y empezar a acostumbrarse a vivir con lo que tenía, sin echar mucho de menos lo que había perdido. Por supuesto, eso no significa que estuviera feliz y contenta por no tener piernas, ni que no viviera momentos de rabia y frustración; simplemente quiere decir que su madre la orientó hacia la aceptación desde el minuto cero. Y no olvidemos que «aceptar» viene a significar **vivir con ello de la mejor manera posible. ¿Cuántos conseguimos hacerlo?**

Tina, la maravillosa jefa de voluntarios del Hospital Sant Joan de Déu (de la que confieso estoy absolutamente enamorada), me dijo una vez que el momento más delicado es cuando crees que ya no puedes más, cuando el sufrimiento lo sientes como insoportable. Pero que es justo entonces cuando empieza todo, cuando sigues allí y te das cuenta de que sí puedes y de que seguramente podrás hasta el final. Es cuando averiguas la cantidad de fuerza que las personas (todas) llevamos dentro, cuando descubres tu valentía y te conviertes en experto en gestionar el miedo y el horror con coraje y determinación, cual guerrero y heroína de las mejores leyendas. Es cuando descubres lo realmente importante y dejas de preocuparte por tonterías que tienen a media humanidad depresiva. Es cuando conocemos una nueva dimensión, la de la sabiduría de **hacer cosas bonitas con los cristales rotos**, y cuando te descubres a ti y a tu hijo o hija, pero de verdad... **Y, sobre todo, es cuando comprendes que a pesar del dolor que te golpea, éste vale la pena**.

Ahora, cuando entro en estos lugares, yo ya no veo enfermos, sólo gente que se está curando: **guerreros, combatientes, luchadores, héroes y campeones, eso es lo que hay en los pasillos**. Y me ilusiona y me alegra, **¡y por ello me veréis sonreír!**

38

Insta y *Fortnite*

HIJO, ¿QUÉ TE DA EL VIDEOJUEGO? Y ¿QUÉ TE QUITA?

David Fizdale, técnico de los Knicks, un equipo de básquet de la ciudad de Nueva York que en estos momentos en que escribo está en uno de sus peores momentos (9 victorias frente a 27 derrotas, y 6 partidos consecutivos perdidos), dijo en la rueda de prensa previa a su encuentro contra los Boston Celtics: **«El enemigo de los Knicks no son los Celtics, nuestro peor rival ahora es el *Fortnite*»**. Por lo visto, sus jugadores (profesionales adultos que cobran un dineral) invierten muchísimas horas en ese famoso jueguecito de Epic Games; incluso han dejado de descansar por las noches, enganchados como están a luchar virtualmente hasta la muerte. «Todo pasa mientras duermes: la recuperación de tu cerebro, la recuperación de tu cuerpo y el crecimiento del músculo. El descanso afecta al tiempo de reacción y a la toma de decisiones», afirma Fizdale.

Pues bien, no sé si nos hacen falta muchos estudios científicos para poder afirmar la correlación que existe entre jugar más horas de la cuenta (o estar enganchados a la red mediante el Insta, el Facebook, etc.) y **el rendimiento tanto en los estudios y en el trabajo, como en tu vida social y personal**. Yo, al menos, lo tengo clarísimo, y afirmo rotundamente que cuando son adictos hay un deterioro significativo y, encima, en todas las áreas «reales» de su vida. Y estoy tan segura porque lo vemos cada día en el trabajo y en cientos de adolescentes. Debido a lo que nos encontramos incluso hemos tenido que crear una nueva excursión llamada Querido móvil, no puedo vivir sin ti.

Los videojuegos como *Fortnite* están expresamente diseñados para tenerte «enganchado», **para convertirte deliberadamente en un adicto** (alguien dependiente, es decir, cuando el cuerpo te pide jugar). Estas empresas no sólo conocen todos los trucos de la psicología que nos llevan a una conducta compulsiva, sino que también consiguen activar las regiones cerebrales del placer para que nos resulte irresistible jugar, o no cerrar el Insta, porque nos sentimos atraídos, lo mismo que si tuvieras una piruleta o un suculento pastel de chocolate *fondant* delante de ti, llamándote y diciéndote «cómeme». ¿Cómo resistirse si encima eres un crío?

La OMS ya ha reconocido la adicción a los videojuegos como un trastorno, y está dentro de la *Clasificación Internacional de Enfermedades* (CIE-11), donde describen que la adicción «prevalece frente a otros intereses vitales, con un deterioro significativo en el ámbito familiar, social, educacional, personal...». Sinceramente, **flipo con la ética y la moral de las empresas que son capaces de destruir** (o hacer que pierda valor) la vida de miles de niños y adolescentes. No hablo de eliminar los videojuegos, pero sí de que **ellos mismos tengan dispositivos de control**, que sean agentes educativos (quien gana dinero con los niños ha de ser parte responsable de la tribu que educa), y cuando el chaval lleve más de dos horas seguidas, le digan: **«Chico, sal a pasear con los colegas, que ahora te toca un poquito de vida real».**

Con mis hijos también me ha tocado lidiar con el asuntito.

¡Con lo que nos cuesta educar hoy en día! Con la cantidad de esfuerzo que nos supone nadar a contracorriente, que sean sanos, que estudien, que hagan deporte, que tengan valores y buenas intenciones, y aparece en 2017 el dichoso *Fortnite* con el poder de destruir todo nuestro trabajo, además de convertirnos en espías controladores de jovencitos o jovencitas para que no pasen más horas de las pactadas delante de la pantalla.

Hay padres y madres que me cuentan que sus hijos de tan sólo 11 años se ponen el despertador de madrugada para jugar (confabulados con otros colegas del colegio) y, así, que sus respectivos padres no se enteren de que juegan más horas de la cuenta. Pero, claro, la cara de sueño al día siguiente y el rendimiento escolar son señales traicioneras. Ahora esos padres y madres han de estar atentos para calibrar cada mañana la cara de cansancio de sus vástagos, porque no se fían, hay una lógica desconfianza pues todos sabemos que los adictos buscan alternativas muy creativas **y mienten como cosacos para**, desde su desesperación inconsciente, **poder seguir jugando** o estar conectados. Si les quitas el ordenador, se irán a casa de un amigo, y si les pones un controlador, buscarán la forma de desconfigurarlo gracias a un tutorial de YouTube... Sinceramente, lo que está pasando es un despropósito en toda regla porque, encima, es un disparo directo a la autonomía personal, a la que hiere de gravedad ya que los convierte en verdaderos dependientes (entre esto y la sobreprotección, ¡no sé cómo lograremos sobrevivir como especie!).

Algunos jóvenes ya más mayores pierden un curso entero de bachillerato o de universidad por estar atrapados en los juegos y/o en las redes sociales, y al no vivir la vida real, sino desde la virtualidad, es decir, desde la no verdad, curiosamente **empiezan a decirte que la vida no les gusta, que no vale la pena o que es un** asco. «**¡Cómo no va a ser un asco si no la estás viviendo!**», les digo. Y como un pez que se muerde la cola, estos chicos y chicas piensan que como la vida no les gusta, pues se han de buscar una que sea mejor, y listos. **Y en los juegos es fácil encontrar una existencia más intensa, emocionante y placentera**, al menos durante un tiempo, el que tardan en darse cuenta del timo, es decir, de que el cambio nunca sale a cuenta. Pero ya sabemos que «la masa, entre hacer y no hacer, opta por no hacer», y el camino carente de dificultad los tienta, y allá que van. Y encima, como está de moda y lo hacen la mayoría, pues no se sienten raritos ni distintos; de hecho, algunos incluso te lo cuentan orgullosos, los mismos, por cierto, que acaban tomando pastillas antidepresivas o presentan problemas graves en sus relaciones personales y sociales por su gran **dependencia a que sea algo externo, de fuera, lo que les haga sentirse bien o mal**. Dicho de otro modo, los juegos (como otras adicciones) los han **entrenado en la debilidad y en que no sean capaces de automotivarse, de autoilusionarse y de autoliderarse**.

Recuerdo en una ocasión que una adolescente, Clara se llamaba, me dijo respecto al Instagram, con una seguridad y prepotencia que me hizo hasta dudar: **«Si no hay foto, no ha pasado»** (con ese tono de «tonta, que no estás al día»). Cuando logré reaccionar, le contesté: «No habrá pasado para los demás, porque te aseguro que para mí sí que habrá pasado, y como al final la importante soy yo, no los otros, pues ya me está bien, ¿no crees?».

Haciendo una dinámica con deportistas de élite que tenían cada uno miles de seguidores en sus cuentas de Facebook e Instagram, les pregunté: «¿Para qué cuelgas una foto?». «Para que me vean mis seguidores», contestaron la mayoría. Y yo volví a la carga: «¿Y para qué quieres que te vean tus seguidores?». «Para conseguir más *likes*», respondieron todos esta vez. «¿Y para qué quieres o necesitas esos *likes*?», insistí yo. Y aquí ninguno supo responder. «¿Porque los queréis... o los necesitáis?», seguí preguntando ante el silencio de todo el equipo. Hice levantar la mano a quien los quería y a quien los necesitaba... y entonces uno de ellos, el más valiente (es decir, el que, a pesar del temor, se atrevió a hablar), me dijo: «Con cada *like* me gusto más a mí mismo». Y ésta fue mi última pregunta: **«Que tu autoestima esté en manos de tus seguidores ¿no te asusta?»**.

En una formación con el amigo y terapeuta Jordi Amenós hablamos del **éxito**, y de que no deberíamos **confundir el éxito con nuestra identidad**, lo cual, a una edad temprana, como la que tienen los deportistas de élite aún en formación, todavía resulta complicado de separar. Pero tú no eres sólo tu éxito, y, consecuentemente, tampoco eres sólo tu fracaso. Uno y otro son una circunstancia, fruto de tu trabajo, de tu esfuerzo o de tu talento, pero **¡tú eres tú, que es muchísimo más!** Creo que es vital entender la diferencia para no confundirnos.

«El éxito es un triturador de personas», comentaba en una conferencia el también amigo, escritor y economista Álex Rovira. ¿Y sabéis por qué? Porque el éxito, como afirma Jordi Amenós, **no es humano**, es decir, es invulnerable, frío, imperturbable, no tiene vida ni heridas que curar, por eso no es generoso ni agradecido, ni tierno ni compasivo, y por tanto nos tritura, porque no es humano. El éxito te dice que vales lo que tu público decide que vales a través de unos *likes*, y tú te lo crees. Y entonces ya estás perdido dentro de esa jaula de oro, que sientes gélida y rígida, pero que te da igual porque te han enseñado que estar allí dentro es la leche, el mejor premio, lo que todos desean, y aunque tú empiezas a ver que se te están congelando hasta las entrañas, ni te mueves de allí (y entonces es fácil buscar algo, cualquier cosa, que te dé calor: adicciones, personas...). **Digerir el éxito** sería no entrar en la fría jaula para seguir poniendo amor a lo que haces, y pasión y entrega, y saberte vulnerable, permitiendo que los demás vean que también tienes debilidades y que no pasa nada porque eres humano, ¡como todos!

Estudiar y memorizar supone esfuerzo, ilusión y sacrificio; las relaciones personales, paciencia, empatía y actitud positiva, y quererte a ti mismo requiere valentía y tiempo. Y todo ello es lo que se pierden los «enganchados» al mundo virtual, los habituados a la recompensa inmediata o al éxito por el número de *likes* conseguidos.

Aplaudo a los padres y madres valientes de estos jóvenes «enganchados» que se dan cuenta y les dicen **«basta, hasta aquí hemos llegado»** y de manera firme y a veces contundente (depende de cuán desafiante sea el hijo o hija) dejan claras las cosas a los chavales, ponen límites y no les asustan ni el conflicto ni que se enfaden. A veces ese darse cuenta llega cuando la situación es tensa y dura, es decir, cuando están hartos de la lucha diaria, o porque se escandalizan y horrorizan ante el deterioro de la convivencia. Así pues, si podemos prever y anticiparnos un poquito para no llegar a estos extremos, mejor, ¿no?

Creo que es vital decirles a nuestros hijos e hijas: **«La vida eres tú, no tu perfil de Insta, no tu *nick*, no tu éxito, no tu personaje ni tu *skin*... Sólo tú, que es muchísimo más».**

39

¿Educar desde el banquillo?

Tal vez sea éste el resumen del libro: que seamos lo suficientemente valientes para **ser de aquellos padres y madres que educaron desde el banquillo**, aunque, eso sí, conociendo al adversario, percibiendo la pelota, sabiendo quién tenía el talento para driblar y quién para defender, padres y madres que tuvieron claro el estado del césped para decidir cuánto había que regar para que las botas ni resbalaran demasiado, ni se clavaran peligrosamente en su caminar. **Pero, sobre todo, padres y madres que consiguieron no entrar nunca en el campo**, básicamente porque habían preparado a sus hijos e hijas para jugar el partido de la vida, e incluso para que pudieran decidir un cambio de calzado cuando, cosas de la vida, el campo no era del césped artificial al que los tenían acostumbrados, y si ese día era de dura tierra o de elegante césped natural, se adaptaban.

Todos somos como un libro, un cuaderno en blanco que alguien nos dio en el mismo instante de nacer. Y somos nosotros quienes debemos escribir en cada una de nuestras páginas para, capítulo a capítulo, crear nuestra propia historia, nuestro relato único y especial. Ojalá que algún día seamos nuestro héroe o heroína soñados, aquellos que se siguen levantando frente a la adversidad del mundo. Pero si alguien, cuando éramos unos críos, nos quitó la pluma de las manos, por aquello de que no se nos mancharan los dedos de tinta, por evitar que hiciéramos faltas de ortografía o por eludir el esfuerzo para que nuestra vida fuera lo más plácida posible... **¿de quién creéis que será el libro?** ¿nuestro o del que sostiene la pluma y escribe por nosotros? Porque aquí justamente es cuando el sentimiento de vacío empieza a inundar nuestras almas.

Aunque a nuestro alrededor imperen los papás y mamás que sostienen plumas que no les pertenecen, aunque haya muchos progenitores que entran a jugar en el terreno de juego, **no seáis vosotros uno de ellos**, porque vuestros hijos e hijas, **antes o después**, tendrán que sostener su estilográfica y jugar su partido, y se sentirán absolutamente perdidos si antes no los habéis entrenado para ese momento.

Confiemos en ellos, están repletos de posibilidades, lo veo constantemente. Eduquémoslos para que algún día estén preparados para entenderse a ellos mismos y a los que los rodean, y veréis cómo **lograrán comprender el mundo**. Y, sobre todo, guiemos a nuestros pequeños para que el día en que deban cerrar la puerta tras de sí, **salgan de casa enamorados de la vida, apasionados por hacer y sobre todo por ser, y contentos, simplemente contentos de existir.**

«Si no te quieres a ti mismo, no podrás hacer cosas extraordinarias.»

GEORGE, 12 años

Pues sí, George, opino como tú: la autoestima, quererte y gustarte a ti mismo es la base del éxito y de la felicidad, y si queremos niños, niñas y jóvenes brillantes, fuertes y extraordinarios, tendremos que empezar por nosotros, es decir, por ser nosotros extraordinarios **para hacer algo excepcional**, como, por ejemplo, no querer los mejores niños y niñas del mundo, **sino los mejores niños y niñas para el mundo**.

Carta de una madre

Cristina, no puedo evitar contártelo, porque sé que te emocionará tanto como a mí. Volvíamos a casa después de ensayar un acto de la fiesta mayor del pueblo.

—Mamá, siempre me preguntas qué tendrías que cambiar para que yo estuviera orgulloso de ser tu hijo —me dijo.

Y tan rápido como pude le contesté:

—Y tú siempre me dices que nada.

—Pues ahora pienso que deberías cambiar una cosa —resolvió a decirme mientras yo, con miedo y disimulando tanto como pude, le pregunté:

—¿El qué?

—Tendrías que trabajar menos y bailar más —contestó mientras yo pensaba que era cierto.

Y entonces añadió:

—Porque cuando bailas ¡brillas, mamá!

LAURA, madre de Gael

Ellos son impresionantes, pero nosotros también; qué os parece...
¿empezamos a BRILLAR todos juntos? ☺

Notas

1. Hay multitud de estudios, como los realizados por The Consortium for Research on Emotional Intelligence in Organizations, que demuestran que el éxito depende un 77 % de la inteligencia emocional y un 23 % del coeficiente intelectual. También cabe señalar los estudios basados en la neurociencia del psicólogo y gurú de la inteligencia emocional, Daniel Goleman.

2. Baldassarre Castiglione, escritor italiano del Renacimiento, famoso por su obra y guía para el buen gobierno *El cortesano*.

3. Thomas A. Edison (1847-1931), inventor y empresario estadounidense que creó el fonógrafo y perfeccionó la bombilla después de experimentar con más de mil materiales diferentes, y que consiguió industrializarla con filamento de bambú carbonizado.

4. Thomas Jefferson fue el tercer presidente de Estados Unidos y uno de los padres fundadores de esta nación.

5. C. Seligman y M. Peterson crearon en 2004 el *Manual de las virtudes y fortalezas del carácter*, en un esfuerzo por parte de la comunidad científica de identificar y clasificar los aspectos psicológicos positivos de las personas, en contraste con el DSM (*Manual diagnóstico y estadístico de los trastornos mentales*), la «Biblia» para evaluar enfermedades mentales.

6. La doctora Marta de la Fuente es una destacada psicóloga y responsable de la Unidad de Psicooncología del hospital MD Anderson Cancer Center Madrid.

7. *Entrénalo para la vida*, publicado por Plataforma Editorial (2014), y *Emocuaderno. Educación emocional en casa*, publicado por Editorial Salvatella (2017).

8. Si queréis trabajar la autoestima, os puede ayudar el cuento *La autoestima de Ana*, así como las dinámicas y los juegos de *Emocuaderno. Educación emocional en casa*, ambos publicados en Salvatella.

9. Jorge Wagensberg, físico, profesor universitario y el primer director de CosmoCaixa.

10. Me refiero siempre a casos en los que no haya ninguna patología asociada. Cuando esto pase, seguid siempre las directrices de los médicos y especialistas. La educación es el objetivo de este libro, no la terapia.

Gracias...

¡Tengo tanto tanto, tanto, que agradecer!

Primero y, ante todo, gracias, papá y mamá, gracias por ser mis padres, Juan y Susana, un libro sobre la valentía sólo os lo podía dedicar a vosotros. Por todo lo que nos queréis, por cuanto os habéis sacrificado y por lo que habéis trabajado, siempre con pasión, lucha, osadía, determinación y entrega. Gracias por vuestro ejemplo. Y gracias también por ser los abuelos más generosos y divertidos del mundo.

Gracias a Xavi, mi compañero de vida, y a Alexandra y a Sergi, mis hijos. Os quiero y siempre os querré, ya sabéis que me encanta que seáis mis hijos, ¿verdad? Gracias infinitas por ser tres tesoros que ilumináis mi camino.

Gracias a mis hermanas Susanna y Sílvia, por toda una vida juntas, llena de alegrías y algunas dificultades que siempre hemos superado. Y gracias a mis sobrinas, la dulce Paula, la profunda Claudia y la auténtica Júlia. Y a mi cuñado, Jaume, siempre positivo y divertido.

Gracias a mis suegros, Cisco y Victoria, por ser los mejores suegros del mundo, y unos abuelos de cuento de hadas.

Gracias a mi representante Maru, por tu alegría y por ver siempre lo bueno de las situaciones. Gracias por abrirme las puertas desde el primer instante, y por ayudar a que me valore un poquito más.

Gracias a Grijalbo y a mi editora Laura Álvarez, por enamorarnos con la primera mirada, por tu lucha por una educación mejor, y por cómo te brillaban los ojos cuando mirabas a mis niños de La Granja. Noté que un trocito de ti hubiera querido quedarse para siempre en este rincón del Montseny.

Gracias a mi segunda familia, mi equipo de La Granja, personas potentes, brillantes y excepcionales. ¡Con vosotros me iría al fin del mundo sin dudarlo! Gracias por vuestra pasión y entrega, por vuestro compromiso con los niños y la educación. Gracias por vuestros abrazos que tanta seguridad me dan, por vuestros besos que me aligeran la carga y por vuestras miradas que me dan la fuerza y el permiso para seguir adelante. ¡Os quiero mogollón!

Gracias a mis queridísimos padres y madres de La Granja Ability Training Center, que me confiáis a vuestros pequeños tesoros. Mil gracias por esas decenas de emails que me enviáis, repletos de anécdotas y vivencias que me ayudan a entender más hasta dónde llegamos y hasta dónde no. Gracias porque me dais fuerza y me permitís tener la esperanza de que cambiar la educación del país es algo posible. Gracias por vuestros abrazos y también por vuestras preguntas, pues unos y otras me ayudan a seguir aprendiendo.

Gracias a mis amigos y amigas los maestros, profesores y educadores. Por todos estos años juntos, ayudándonos en las dificultades, debatiendo fórmulas para educar y compartiendo saberes. **Sin vosotros nada sería posible**, y quiero que sepáis que os admiro, humilde y profundamente, os encuentro las personas **más generosas del mundo**. Sois y siempre seréis **mis eternos compañeros de batalla**.

Gracias a mis niños y niñas de La Granja, gracias por iluminar mi camino, gracias por vuestros besos y abrazos, gracias por vuestras sonrisas y carcajadas, gracias por hacer ruido, saltar, correr y no permitir que me quede estancada. Gracias por la energía que me regaláis cada día, gracias por ser auténticos, coherentes, lógicos y brillantes. Simplemente, gracias de todo corazón, ¡os quiero mogollón!

Gracias al equipo de La Masia del Barça; Carles Folguera, Miquel Ferrer, Anna Amelibia, Juanjo Luque, Rodrigo de la Fuente, Ester Morillas, Mario Ruiz y a todos los que no tengo espacio para nombrar y admiro un montón. Me gusta estar a vuestro lado, trabajar duro mano a mano y tener la suerte de poder vivir de cerca, junto con mi equipo de La Granja, todos esos proyectos únicos e innovadores que tienen por objetivo hacer mejores personas.

Gracias al superequipo del Hospital Sant Joan de Déu de Barcelona, Héctor, Alba, Fede, Rai, Andrés, Tina, Mireia, Raquel, Xavi, Anna y al resto de los compañeros padres y madres (y permitidme que no os nombre con vuestros títulos oficiales de doctor, para mi sois las personas que hay dentro de la bata blanca). Os admiro y me encanta poder trabajar con vuestros niños, niñas y las familias de Acnefi. Gracias por confiar en mí y en todo el equipo de La Granja.

Gracias a mi hada, Eva Bach, te quiero un montón. Sé que lo sabes, pero quiero repetírtelo.

Gracias a mi caballero andante, Jordi Amenós, poeta adorable y arrancador de sonrisas.

Gracias al arqueólogo Nahuel Rojas por tus instructivas conversaciones sobre la prehistoria y las tribus, y tu facilidad para fascinarme con las costumbres romanas y griegas en las ruinas de Empúries.

Gracias a Míriam Iglesias, confidente, amiga y con esa mirada tuya que me complementa, y al brillante Xavi, a la pequeña y superinteligente Maria, y al precioso y seductor Guille. Sois una familia adorable y me encantáis cada uno de vosotros.

Gracias a mis amigos del alma, Griselda y Enric, Pati y Jaume, Eva y Agus, Puchi y Montse, por estar siempre ahí durante tantos años. Y a mis amigos del esquí y la nieve, Mili y Alberto, Tana y Jaume, Montse y Joan, y a todo el superequipo de Top Race de Grau Roig (Albert, Jordi, Marcos, Marta, Gerard, Philippe, Yves...).

Y gracias a mis queridos lectores y lectoras por vuestra confianza al comprar este libro. Espero haber estado a vuestra altura. ☺

Descubre tu próxima lectura

Si quieres formar parte de nuestra comunidad,
regístrate en **libros.megustaleer.club**
y recibirás recomendaciones personalizadas

Penguin
Random House
Grupo Editorial

 megustaleer